U0100377

大展好書 ✕ 好書大展

大展好書 ✕ 好書大展

名師出高徒 ⑤

朱瑞琪 編著

南拳入門與精進

大展出版社有限公司

出版説明

誰都願意將自己的孩子送進好的學校，爲什麼？因爲好學校教學水平高。教學水平高主要依賴於有一流的高水平的教師。教師水平高就能教出出類拔萃的學生，這正是「名師出高徒」。

學武術也如此，富有經驗的名師教學，會使初學者少走彎路，入門迅速，一入門即可爲提升打下紮實的基礎。

爲滿足初學武術的廣大青少年和武術愛好者的要求，我社特約我國武術名家編寫了這套叢書。本套叢書作者均是長期從事武術教學，在國內外享有盛名的專家，他們有著極豐富的教學經驗，既能把那些對武術一竅不通的「老外」教得像模像樣，也能指導武術高手再精進。

本套叢書屬於普及性讀物，重點介紹了武術基本技術要領、動作要求、練習方法、易犯錯誤及其糾正方法，而且簡明扼要地說明了動作的技擊含義，易學、易懂、易練、易用。

近年來中國武術協會爲更廣泛開展武術運動，在國內推行了武術段位等級制。本書在介紹了最基本的動作之後，編入了最基本的入段套路詳解。每個武術愛好者只要跟著本書步驟自修，都可達到武術初級段

位（一、二、三段）水平。

本社曾出版過《武術基礎練習叢書》一書，深受廣大武術愛好者喜愛，多次再版仍未能滿足需要。根據近年來我國武術發展的形勢，本套叢書是在原《武術基礎練習叢書》的基礎上新編而成。這套叢書包括以下幾冊：

《武術基本功和基本動作》——名師出高徒㈠

《長拳入門與精進》——名師出高徒㈡

《劍術、刀術入門與精進》——名師出高徒㈢

《棍術、槍術入門與精進》——名師出高徒㈣

《南拳入門與精進》——名師出高徒㈤

《散手入門與精進》——名師出高徒㈥

《太極拳入門與精進》——名師出高徒㈦

《太極推手入門與精進》——名師出高徒㈧

南拳對健身有特殊作用，利關節、修筋骨、壯體魄、理臟腑、通經脈、調氣血，全面提高人體機能。

本書介紹了南拳的入門技術，手型、步型、手法、步法、腿法，及基本動作組合，在此基礎上介紹了拳術初段位套路——「一段」「二段」「三段」南拳。通俗易學。

跟隨本書循序漸進練習，可迅速入門，並一入門就爲提高打下良好基礎，達到「三段」水平並非難事。

目　錄

南拳簡介

一、南拳簡況

南拳為流傳於我國南方諸拳種的統稱。其流傳地域主要包括廣東、廣西、福建、湖南、湖北、四川、江西、江蘇、浙江等。南拳是目前國內外武術比賽的重點項目之一。

南拳在我國源遠流長，歷史悠久。據《小知錄》記載：在明代有「使拳之家十一」、「使槍之家十七」，其拳有「趙家拳」、「南拳」、「勾掛拳」、「披掛拳」……可見，南拳在四百多年前已被載入史冊。由於歷史的發展，加之各地人們的傳習關係，使南拳形成了各具特色的不同流派。

廣東南拳極為盛行，有洪家拳、劉家拳、蔡家拳、李家拳、莫家拳五大流派。還有蔡李佛拳、虎鶴雙形拳、佛家拳、俠家拳、刁家教、岳家教、朱家教等等。據調查，廣東的各種南拳和器械套路就有三百多種。

福建南拳遍及全省各地，主要盛行於福州、廈門、泉州、莆田、漳州和永春、連城等市、縣。福州有龍、虎、豹、蛇、鶴等五形拳和猴拳、犬法、雞法、魚法、少林拳、梅花拳、羅漢拳等流派。

其它地區還流傳有五祖拳（又名五祖鶴洋拳）、連城拳、白鶴拳、五祖白鶴拳、五獸拳、左二拳、南拳四門、虎仔金剛拳、梅花拳、金竹拳等。

據1978年福建調研組的調查資料分析，福建的南拳也分內家拳和外家拳，其來源主要是官方和少林寺。

四川南拳也有著悠久的歷史。現在四川的派系主要有僧、岳、趙、杜、洪、化、字、會八大流派。

僧門拳主要流行於川西、川南一帶。岳門拳主要流行於川東、川南等地。趙門拳在川南、瀘、納、宜、南溪等地流行。杜門拳盛行於川北、南充地區。洪門拳在四川流行甚廣。化門拳多流行於川東、川北地區。字門拳主要流行於廣安、岳池一帶，尤以唐家河盛行。會門拳現在練習的人已經不多了。

湖南南拳有巫、洪、薛、岳四大流派。湖北南拳分為洪、魚、孔、風、水、火、字、熊八門。江西南拳有字、硬兩門。浙江南拳有洪家、黑虎、金剛三大拳系。另外還有溫州南拳、臺州南拳和江蘇南拳等。

新中國成立以來，於1960年將南拳列為全國武術競賽項目。1961年後把廣東南拳中的虎鶴雙形拳編入了全國體育院校通用教材。從1990年十一屆亞運會開始，由中國武術協會組織專家，把南拳編成統一的競賽套路，用於國內外的重大武術比賽中。1992年初，中國武術研究院又組織了部分南拳專家及優秀運動員創編了《南棍》、《南刀》的競賽套路，作為我國第七屆全國運動會武術比賽的規定套路。因此，南拳發展至今，不論是套路編排的科學性，風格特點的一致性，還是整體的運動技術水平，都有了較大的發展。

二、南拳基本特點及其健身作用

(一)基本特點

1.穩馬硬橋

南拳的步型、步法從其外型而言，雖有高樁與矮樁、大架與小架之分。但其共同特點都要求穩固、沉實，堅不可摧，做到高而不浮，低而不板，進退閃轉靈活。

馬步和弓步是南拳中的主要樁步，不論什麼形式的樁步，都要求做到穩馬，即五趾抓地，「落地生根」，強調「穩如鐵塔坐如山」。腿部沉實，步勢方能穩紮，運動才有章法。

橋，是指臂的運行，稱為「橋手」。南拳的橋手，要求兩臂剛硬，內蓄勁力。「練得硬橋硬馬，方能穩紮穩打」。練習南拳的步型、步法時，一般要求「沉氣、坐胯、踩腳」。其目的是為了使人體重心下降，加大人體支撐的垂直力量，體現「穩」的特點，步法的移動幅度相對較大，既流暢又沉穩，體現了「沉重有力」的特點。

練習南拳的手法時（如單指手等），常鼓勁而使肌肉隆起，以提高硬橋的練習效果。

2.手法豐富

南拳的上肢手法較其它拳種豐富，包括有拳法、掌法、勾手，還有爪法、指法、肘法和橋法，尤其是橋法更是區別

於其它拳種的顯著特點之一。南拳練習通常在步型不變的情況下連續完成若干次上肢動作，故有「一勢多手，一步幾變手」的說法。如南拳競賽套路中的第 11 動至 16 動，馬步沒變，而上肢卻變換了 6 次方法。南拳多短拳、擅標手，跳躍、腿法動作少。其腿法也大多採用踢、釘、踹、踩、彈等屈伸性腿法和少部分掃轉性腿法，起腿一般要求高不過腰。跳躍動作多以躍步、跨步和其它小跳步為主。故武術諺語中有「南拳北腿」之說。

3. 力發於腰

南拳的發勁，要通過腿、腰、背、肩以及全身的協調一致，貫穿順達。拳家說「力，其根在腳，發於腿，宰於腰，形於手」。如一個弓步沖拳，一般由半馬步過渡，通過蹬足、扣膝、掙胯、轉腰、順肩的過程，使力順達於梢（手），手拳帶鑽勁。發勁的技巧講究先蓄後發、先收後放，蓄勁如張弓，發勁如放箭，使勁力表現得既有速度（爆發勁）又有深度（發勁的作用時間長）。

4. 脫肩團胛

南拳的身法講究脫肩團胛。脫肩，是指兩肩有意識地向下沉墜；團胛，是使肩胛骨向前微合，形成團狀。脫肩下沉，有助於臂、肘的勁力；團胛前合，使背部收緊，有助於發勁前的涵蓄。

5. 直項圓胸

南拳的身法還講究直項圓胸。直項是指下頦裡收，使頸

部伸直。圓胸，是指胸要微含，稍呈圓形。頸直有助於胸、背、肩、肘的勁力合一，圓胸則有助於沉氣實腹。

6.「五合」、「三催」

「五合」，即手與眼合，眼與心合，肩與腰合，身與步合，上與下合。大凡開步出拳，要身隨步轉，拳隨腰發，收腹蓄勁，先蓄後發。

在運動時要求「手到、眼到、身到、步到」，目隨手動，傳神於目，示意於手。要求手、眼、身法、步，精、神、氣、力、功配合協調。

「三催」，即步催、身催、手催。如做一個弓步沖拳時，力之根在腳，要以步催身，以身催手，發力由下至上；一個馬步沖拳時，要借助轉腰順肩的轉動力，力之根在腰，以身催手。

7.氣沉丹田

南拳非常講究氣沉丹田，強調沉氣實腹，使腹肌也加以收縮。沉氣實腹，促使臀部必須收斂。它與脫肩團胛、直項圓胸以及五趾抓地，乃是一個整體，能做到上下完整一體，周身勁力就會凝結到一處。

8.發聲呼喝

南拳講究發聲，這與其它拳種不同。打練時以氣催力，根據各種不同的勁力，發出各種不同的呼喝聲音，頓時覺得拳勢威猛，氣勢逼人。南拳的發聲，一般有「嘻」、「喝」、「嘩」、「嗱」、「哎」、「嗌」六音。此外，還

有一些是模仿動物的發聲特點，如福建的鶴形拳就是模仿鶴的發聲。

南拳的發聲，一般遵循兩個原則：一是結合動作發力而發聲，做到力、氣合一。二是模仿象形動作因勢發聲，做到形、意合一。發聲呼喝的作用是：助拳勢、助勁力、助形象。還有助於排除體內餘氣，促進氧化供能。

(二)健身作用

1.有助於機體內臟器官及各系統機能的提升

經有關專家測試，運動員演練一套南拳之後，即刻脈搏每分鐘可達 200 次以上，其強度之大可與 100 公尺賽跑相比，而且演練的時間按競賽要求得少於 1 分 20 秒，這對機體內臟器官刺激很大，對呼吸及心血管系統等功能要求較高，運動員必須具有良好的身體素質。

實踐證明，透過南拳練習，利關節，強筋骨，壯體魄；理臟腑，通經脈，調養氣血，提升人體機能。

2.有助於肢體力量的增長

「勁力充實」是南拳的重要特點之一。勁力的大小，除掌握正確的發勁方法外，還必須有賴於肌肉的絕對收縮力量。所以，進行南拳訓練時，需要採用各種方法，提高肢體的力量。如快速左右沖拳、左右蓋拳、左右蹬腿、馬步和弓步站樁以及各種步法練習等，都是提高上下肢力量的有效手段。

3. 有助於靈活性、協調性的改善

南拳具有起伏轉折、內展騰挪、左顧右盼的技術特點，演練時要求步到手到、手到眼到、眼到神到、神到氣到，內外合一、形神兼備、協調完整。南拳動作包含著屈伸、回環、跳躍、平衡、跌撲等，需要全身都參與運動。

系統地進行南拳訓練，對改善軀體的靈活性、柔韌性、協調性是非常有利的。

4. 有助於意志品質的培養

練習南拳和其它武術一樣，對意志品質的培養是多方面的，練習基本功，首先要過枯燥乏味關，克服好高騖遠的想法，樹立對基礎練習的正確態度。身體素質訓練，要過肌肉酸痛關，不過這一關，就練不出速度、力量和柔韌。套路練習，要經過「冬練三九、夏練三伏」的磨練，需要常年有恆、堅持不懈。

參加比賽，可以鍛鍊勇敢堅強的戰鬥意志。

總之，經過長期的鍛鍊，可以培養人們勤奮、果敢、頑強、虛心好學、勇於進取的良好習性和意志品德。

三、怎樣練好南拳

學習任何一門科學技術，都要遵循一定的原則和程序。學習南拳也必須經過從簡到繁、從易到難，循序漸進的學習過程。其大體程序，可分作六步功：

第一步功是步型、步法練習

拳諺說：「未學功夫，先學扎馬。」扎馬練好了，腿力沉實，步勢才能穩紮，運動才有章法。扎馬就是樁功練習，是南拳學習的入門功，也是關鍵的一步功。由樁功練習，能儘快地掌握南拳基本步型的規格。

樁功練習有靜（扎馬）、動（走馬）兩種形式。

「扎馬」是我們通常說的站樁練習。扎馬練習最大特點是對肌肉的刺激較大，容易加深練習者的本體感覺，加速形成正確的動力定型。練習的動作可以選擇南拳中的主要步型，如馬步、弓步、騎龍步、單蝶步等。

「走馬」就是把重點的步型結合步法中的上步、退步、麒麟步等進行活動性練習。走馬練習，是南拳練習中的重點形式之一，也是提升南拳步型與步法質量即「下盤功夫」的主要手段。

走馬練習，應該是動靜結合，以動為主，突出重點，全面提升。靜力性練習的時間就視本人條件而定，隨著腿部力量的增長逐漸延長時間，但不得勉強，以免破壞正確的動力定型。動力性練習應強調：「沉氣、坐胯、踩腳和降低重心，加大身體向下的垂直力量，體現穩紮穩打的特點。

第二步功是基本動作練習

武術中任何一個拳種的風格特點都是透過基本動作來體現的。因此，熟練而準確地掌握南拳的基本動作，使其規格化，是南拳入門的重要步驟，練習者應予以高度重視。

南拳的方法很多，包括手法、腿法、步法及身法、眼法

等，手法中又分掌法、拳法、指法、爪法、肘法和橋法。不可能一開始就練習所有的方法，應根據所學套路的特點，選擇一些基本的帶規律性的方法重點練習，一般方法可在套路學習過程中掌握和提升。

首先，應重視建立正確的動作外型。一個動作的外型包括步型、手型、身型、眼神以及面部表情等。外型的正確與否直接體現了技術的優劣。因此，練習者可採用「耗架子」的靜止形式，較快地建立正確的動作外型。

其次，是準確地掌握動作的起止路線、力點和攻防含義。運動路線、著力點、攻防作用是構成武術動作的三要素。不同的路線、力點和攻防作用決定了不同的運動方法，必須要求掌握得準確無誤。

第三，掌握動作的發勁方法和用力技巧。力，要起於根，順於中，達於梢，足、膝、腰、背、肩、肘、腕、手全身九節勁，節節貫穿，協調順達。發勁時要注意先蓄後發，先柔後剛、剛後必柔，有速度、有深度。

第三步功是組合動作練習

初步掌握了單個方法以後，為使其更加鞏固和熟練，可根據套路編排的特點，把一些主要的基本方法編排成若干個小組合，作為經常的、反覆的訓練內容，這對於強化基本技術和後一階段的套路練習，會有著事半功倍的效果。

手眼身法步，精神氣力功，全身內外協調配合，是促使武藝精湛之因素。

練習者應該經由組合方法練習，逐步加以體會。體會動作的規格和運動方法，體會動作之間銜接的技巧和連貫性，

體會全身的協調配合和氣勢的完整。

需要強調的是有關「氣勢」問題，氣勢即「拳勢」，也稱精氣神或意識。提高南拳中的氣勢，不是靠單一的方法練習就能解決的，必須有賴於練習者對氣勢的含義理解之後才能達到融匯貫通、出神入化的境界。

影響氣勢的因素包括內意識和外形體兩個方面，內意識又分為表演意識和攻防意識；外形體方面有動作造型、手眼配合、以聲助威等諸多因素。

表演意識是指演練者在演練時的一種心理活動，作為演練者要有自信心，要有「鶴立雞群」的自豪感。在這種積極向上的心理誘導下而產生的氣魄和無所畏懼的神態。

攻防意識是根據動作的攻防含義而產生的心理活動。練習者要在想象中把自己置身於一場與雄獅猛虎的搏鬥之中，做到動中有法，靜中有勢，勁斷意不斷。攻防意識的運用方法，主張靜勢時，含蓄、集中、逼真；運勢時開放、灑脫。動作造型是指對四肢、軀幹和頭部的要求。拳諺講「動中有靜、靜中有動」。如何在靜勢中表現出「動態」，關鍵是動作造型。

南拳對造型的基本要求是：重心沉穩，關節鬆沉略彎曲，肌肉收縮適度，寓遒勁於筋骨之中。

手眼配合是表現氣勢的主要方面。「眼是心之窗」，俗話說「眉開眼笑」、「橫眉怒目」、「愁眉苦臉」，由眉毛、眼睛和面部表情可以反映出人的心理活動。

南拳氣勢中的內意識必然反映在眼神和面部上，其一般要求是：靜勢時眉宇略緊（並非皺眉），注視的範圍要窄，閉唇合齒，神態嚴肅微顯怒意；動勢時舒眉睜眼，視野較寬

（環視），神態自若。發聲助威則要求「意與氣合，氣與力合，力與聲合」。演練時由練心者發出的渾厚聲音，頓時給人以「拳勢威猛，氣勢逼人」之感。提高氣勢，要貫穿於整個練習過程的始終。

第四步功是學習初級套路

在掌握了南拳的基本功架、基本方法和組合後，轉為套路學習階段，可以說技術已經有了較大長進。然而，初級套路是把一些基本的、帶規律性的重點動作，合理地編排成有起勢、收勢的套路。因此，這還是基礎訓練階段，仍不能放鬆對基本技術的規格要求。

應認真體會動作的節奏，正確處理動作的頓挫、蓄發、鬆緊、剛柔、動靜、快慢等，提升套路的演練技巧。注意突出該拳種的風格、特點。

第五步功是選編符合自己特點的套路進行訓練、提升

當掌握了較紮實的基本技術和具有良好的身體素質以後，經由學習可根據自己的條件創編出一套難度較大的套路，作為經常訓練的內容。

這樣，才能使套路風格、演練技巧都獨具一格，技術水平發展到一個較高階段。

為此，技術上要精雕細刻，用心揣摩，由熟練變巧練。手眼身法步、精神氣力功的內外配合更加協調完整，在套路的演練中對頓挫、快慢、剛柔、輕重等矛盾處理得更加鮮明、巧妙，使其風格更加突出。

第六步功是套路對練或攻防實戰

南拳和其它拳種一樣，都包含有踢、打、摔、拿等攻防技法。透過套路對練和攻防實戰的練習，可以更加準確地掌握和理解動作的攻防含義，提升攻防技能。

為此，要苦練踢、打、摔、拿的單個技法，也就是，我們常說的「散招」訓練。在反覆練習基本組合的基礎上加強兩人或多人的配合練習，培養攻防意識，準確地掌握攻防時機和有效的距離，做到配合默契，動作逼真。

攻防實戰更要遵循循序漸進、由簡到繁、逐步提升的原則，加強軀幹及橋馬（手、腳）的抗打能力訓練。在實戰的妝級階段，應帶護具以加強安全保護措施，避免出現傷害事故。

上述練功步驟與要求，不是截然分開的，它只說明練功的程序，練習者必須根據自己的情況靈活掌握、合理運用。

南拳基本技術

基本技術包括基本手型、步型、手法、步法、腿法等。掌握好基本技術，無論對初學者或有一定基礎的人來說，都是非常重要的。

一、基本手型

1.平拳

五指捲屈握緊，拳面要平，拇指壓於食指和中指的第二指節上，任何指骨都不得凸出拳面（圖1）。

2.柳葉掌

拇指彎曲，其餘四指伸直併攏（圖2）。

圖1

圖2

3.虎爪

五指用力張開，第二、三節指骨彎曲，第一節指骨盡量向手背的一面伸張，使掌心凸出（圖3）。

4.鷹爪

拇指彎曲外展，其餘四指併緊，使第二、三節指骨彎曲，但不得屈攏（圖4）。

5.鶴嘴手

五指捏攏，指尖要平，直腕（圖5）。

6.單指

食指伸直，其餘四指的第一、二節向內緊屈（圖6）。

圖3   圖4

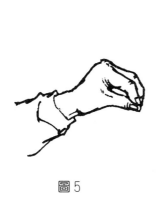

圖5　　　　　　　　　　圖6

二、基本步型

1.馬步

兩腳分開，距離約三腳長，腳尖正對前方，屈膝半蹲，膝部與腳尖垂直，上身正直，收腹斂臀，雙手握拳置於腰兩側（圖7）。

【要點】

膝蓋與腳步成垂直線，收腹、立腰，腳外緣用勁，使兩腳尖正對前方。

圖7

2.弓步

兩腳前後分開，距離約三腳長。前腳腳尖裡扣，斜向前方，屈膝半蹲，膝部與腳尖垂直；後腿挺膝伸直，腳尖裡扣；兩腳全腳掌著地（圖8）。

圖8

【要點】

上體正直，臀部收斂，前腳踩、後腳蹬。

3.虛步

又名吊馬。以左虛步為例，左腿微屈前伸，腳前掌虛點地面；右腿屈膝半蹲，腳尖斜向前方；收腹斂臀，重心落於右腿（圖9）。

【要點】

虛實要分明，上體保持正直。

4.拐步

兩腿前後交叉。前腿屈膝下蹲，腳尖外展（約90°）；後腿屈膝下跪，膝部接近地面，腳根離地；收腹斂臀（圖10）。

【要點】

上體保持正直，沉氣、坐胯、前腳踩地。

圖 9　　　　　　　　　　圖 10

5.騎龍步

　　前腿屈膝半蹲，全腳掌著地；後腿屈膝下跪（不得貼地），前腳掌著地。兩腳間相距約三腳長（圖11）。

【要點】

　　上體正直，收腹沉胯，重心偏於前腿。

圖 11

圖 12　　　　　　　　　　　　圖 13

6. 跪步

　　兩腳前後分開，距離約兩腳長。前腿屈膝下蹲；後腿屈膝下跪，膝部接近地面（不得觸地），腳跟離地，臀部後坐（圖 12）。

【要點】

上體正直，重心略偏後腿。

7. 半馬步

　　兩腳左右分開，距離約二至三腳長，屈膝半蹲；左腳腳尖朝左，右腳腳尖朝前，重心偏於右腿（如右腳尖外展，則重心偏於左腿）；收腹斂臀（圖 13）。

【要點】

腰微向左轉，收腹斂臀，上體正直。

8. 獨立步

　　一腿伸直站立支撐體重，另一腿屈膝提起，腳面繃直，腳尖朝下；收腹立腰，站立要穩（圖 14）。

圖 14

圖 15

【要點】

支撐腳五趾抓地，挺膝、沉氣。

9. 單蝶步

一腿屈膝下蹲，另一腿跪地（小腿內側貼地）；收腹立腰（圖15）。

【要點】

下蹲腿全腳掌著地，腳跟與跪地腿的膝蓋基本平行。

三、基本步法

1. 上步

後腳向前邁步。

【要點】

除下接跳躍動作外，一般重心較低，全腳掌著地，沉

胯、踩腳。

2.退步

前腳向後退步。

【要點】

步幅適當加大，前腳掌著地，重心下沉。

3.拖步

前腳向前跨一大步，後腳拖地跟一小步。

【要點】

前腳向前跨步時要充分借助後腳的蹬勁，跨步的大小與拖步基本一致。

4.蓋步

一腳經另一腳前橫邁一步，全腳掌著地，腳尖外擺，兩腿交叉。

【要點】

步幅要大，坐胯、跪膝，重心下沉。

5.插步

一腳經另一腳後橫邁一步，前腳掌著地，兩腿交叉。

【要點】

步幅較大，重心要低，胯下沉。

6.走三角步

①由併步開始，左腳向右前方上步，腳尖外擺，膝微

圖 16　　　　　　　　圖 17　　　　　　　　圖 18

屈；右腿屈膝下跪，腳跟離地（圖 16）。

②右腳由後經左腳前繞上一步，腳尖裡扣，膝微屈，左腳腳跟離地，微屈膝（圖 17）。

③身體左轉，左腳弧形後退一步，轉身成弓步或馬步（圖 18）。

【要點】

重心下沉，上體中正，擺扣步適度。

四、基本手法

拳　法

1·左右前沖拳

①由馬步抱拳開始。右拳向前沖出，拳心朝下成平拳（拳眼朝上為立拳），高與肩平。目視右拳（圖 19）。

圖 19　　　　　　　　　　圖 20

②右拳收回腰間。同時，左拳向前沖出，拳心朝下，高與肩平。目視左拳（圖20）。反覆練習。

【要點】

沖拳時以腰發力，上臂催前臂，力達拳面，當肘關節將要離開腰部的瞬間，臂內旋，以氣催力，拳帶鑽勁。收拳時主動屈肘後拉，前臂外旋，拳走直線。

【攻防含義】

前沖拳是正面進攻對方的一種方法，擊打部位主要是對方的頭部、胸部和腹部。

【易犯錯誤】

①沖拳時肘關節先動，出現「撩拳」。

②聳肩。

【糾正方法】

①面對鏡子或由同伴幫助，檢查沖拳時肘關節是否外展，並著重體會以肩催肘、肘催手、力貫拳面的要點。

②放慢速度練習，肩關節放鬆，體會「沉肩垂肘」的

圖 21   圖 22

要點。逐漸加快沖拳的速度；加強肩關節靈活性、柔韌性練習。

2.左右側沖拳

①由兩腳併步、抱拳開始。右拳從腰間向右側沖出，拳眼朝上，高與肩平。目視右拳（圖21）。

②右拳收回腰間，左拳向左側沖出，拳眼朝上，高與肩平。目視左拳（圖22）。反覆練習。

【要點】

挺胸、立腰、豎項，以肘催手，拳面領先，沉肩旋臂。

【攻防含義】

攻擊對方的肋部。

【易犯錯誤及糾正方法】

參考前沖拳。側沖拳更易出現「撩拳」的錯誤，糾正時側對鏡子，放慢速度練習，待基本正確以後再按正常速度練習。

圖 23　　　　　　　　　　圖 24

3. 左右弓步撞拳

①由併步抱拳開始，左腳向左側橫跨一步，左腿屈膝成左弓步。同時，右拳屈肘由下向前、向上勾撞，拳面朝上，拳心朝裡，高與肩平。目視右拳（圖 23）。

②以兩腳掌為軸，身體右轉 180°，右腿屈膝，成右弓步。同時，左拳屈肘由下向前、向上勾撞，拳面朝上，拳心朝裡，高與肩平；右拳收抱於腰間，拳心朝上。目視左拳（圖 24）。反覆練習。

【要點】

撞拳要充分借助扣膝、轉腰的力量，發短勁，手腕微向裡扣，力達拳面，上臂與前臂的夾角約在 90°～100°之間。

【攻防含義】

假設對方以頂肘（近距離）攻擊我頭部或胸部，我迅速向左或向右側閃躲，以短撞拳反擊其腹部、胃部。

【易犯錯誤】

預擺，即撞拳之前臂由腰間先向後擺，然後再向前、向

圖 25　　　　　　　　圖 26

上撞出。從實戰角度分析，拳向後擺，一側容易過早暴露進攻意圖，二則路線長，易被對方截擊或做出有效的防守。

【糾正方法】

先不強調用力，注意改正出拳的起止路線，以便儘快形成正確的動力定型。

4.左右弓步蓋拳

①由併步抱拳開始。左腳向左側邁步，同時身體左轉，腳尖朝前，屈膝半蹲成左弓步。同時，左拳向左側伸出後直臂向下、向體後掄擺至與肩同高，拳心朝下；右拳向右側伸出後直臂向上、向左弧形掄蓋至體前，拳心斜朝裡，力達拳面。目視右拳（圖 25）。

②身體右轉 180°，左腿挺膝伸直；右腿屈膝半蹲成右弓步。同時，右拳由前向上、向下、向體後掄擺至與肩同高，拳心朝下；左拳由後經下向上、向前弧形掄蓋至體前，拳心斜朝裡，力達拳面。目視左拳（圖 26）。左右反覆練習。

【要點】

轉體時，以腰帶臂，臂繞經體側沿立圓運行，腰背發力，收腹含胸，下蓋到終點要制動，發力要明顯。

【攻防含義】

假設對方以蹬腿或沖拳攻擊我腹部或肋部時，我迅速以一臂（橋）反手下掛，另一拳從上往下蓋臂對方頭或背部。

【易犯錯誤】

①蓋拳時沒有以腰帶臂，腰背發勁不明顯，後腿腳跟拔起。

②蓋拳時身體失去平衡。

【糾正方法】

①慢動作體會以腰帶臂，力發於腰的要點，並注意蓋拳時後腳用力後蹬。

②體會蓋拳完成的瞬間，兩臂一前一後對稱相拉的「內力」；同時擰腰掙胯，兩腳五趾用力下踩。

5.左右弓步拋拳

①由併步抱拳開始。身體左轉，左腳向左側邁出一步，屈膝半蹲成左弓步。同時，左拳直臂向左後側擺至與肩同高，拳心朝下；右拳直臂向右斜上方拋起，拳舉於頭上方，拳眼朝後。目視右前方（圖27）。

②身體右轉，右腿屈膝半蹲成右弓步。同時，右拳直臂由上向下、向右弧形擺至右後方，與肩同高，拳心朝下；左拳向下、經體側向右斜上方拋起，拳舉於頭上方，拳眼朝後。目視左前方（圖28）。左右反覆練習。

圖 27   圖 28

【要點】

抛拳路線由下向斜上，緊貼身體，臂外旋，力達拳眼（或前臂橈骨側），收腹立腰。

【攻防含義】

抛拳是一種防守性方法。假設對方以拳或掌攻擊我頭部或胸部，我則向左或右躲閃。同時，以前臂（橋手）由下向斜上格挑對方進攻之手，隨即以拳或腿反擊均可。

【易犯錯誤】

抛拳時兩臂遠離身體，因而沒有防守的作用；屈肘，前臂後甩。

【糾正方法】

面對鏡子檢查抛拳路線是否正確；也可請同伴做進攻動作，體會防守效果。強調臂要外旋，肘關節不能放鬆。

圖 29　　　　　　　　　圖 30

6.馬步左右掛拳

①由馬步抱拳開始。左拳向內經上向左側抄掛，臂微屈，拳心朝上，力達拳背。目視左拳（圖29）。

②右拳向內經上向右側抄掛，臂微曲，拳心朝上，力達拳背。同時，左拳收抱腰間，拳心朝上。目視右拳（圖30）。左右反覆練習。

【要點】

掛拳時臂先內旋後外旋，經體前立圓運行，眼隨手動，以腰帶臂，手腕微扣。

【攻防含義】

假設對方以腿法攻擊我腹部時，我迅速向左或右側閃，邊抄（防守）過掛擊其頭部。

【易犯錯誤】

臂太直，發力不明顯。

圖 31

圖 32

【糾正方法】

① 慢速度體會掛拳時臂的運行路線及外形動作。

② 兩人配合做攻防練習，體會用力方法和力點。

7. 左右弓步掃拳

① 由併步抱拳開始。左腳向左橫跨一步，左腿屈膝，右腿伸直成左弓步。同時，身體左轉，右拳內旋側伸，直臂向前、向左平行掄掃，屈臂置於胸前，拳心朝下，力達拳面。目視前方（圖 31）。

② 身體右轉，左腿伸直，右腿屈膝成右弓步。同時，左拳內旋側伸，直臂向前、向右平行掄掃，屈臂置於胸前，拳心朝下，力達拳面；右拳隨體轉收回腰間。目視前方（圖 32）。反覆練習。

【要點】

以腰帶臂，力發於腰，掃拳時以肩關節為軸，臂由直至屈，加快掃拳速度。

圖 33   圖 34

【攻防含義】

向左右掄掃擊打對方的頭部側面或肋部。

【易犯錯誤】

臂的掄掃幅度小，腰、臂用力不協調。

【糾正方法】

掃拳時強調臂要先直後屈，重點體會以腰帶臂的技巧，提高全身的協調性。

8.左右插步鞭拳

①由併步抱拳開始。左腳向左側跨一步，微屈膝，腳尖朝前。同時右拳變掌伸至右側，拇指側朝上；左拳平屈於胸前。動作不停，右腳經左腿後向左側插一步，腿伸直，腳跟離地。同時，左拳由體前向左側鞭甩，拳眼朝上，力達拳背（鞭擊的部位有上、中、下之分）；右掌附於左肩前。目視左拳（圖33、34）。

②右腳向右側跨一步，腳尖朝前，微屈膝。同時左拳

圖 35   圖 36

變掌，右掌變拳。動作不停，左腳經右腿後向右側插一步，
腿伸直，腳跟離地。同時，右拳由體前向右側鞭甩，拳眼朝
上，力達拳背；左掌附於右肩前。目視右拳（圖 35、
36）。左右反覆練習。

　【要點】

　　插步、鞭拳、轉頭要協調一致，鞭拳時以肘關節為軸，
臂由屈至伸，發力乾脆，甩臂明顯。

　【攻防含義】

　　橫向攻擊對手的側面。

　【易犯錯誤】

　　上下不協調，前臂的鞭甩不明顯或直臂擺動。

　【糾正方法】

　　① 原地練習前臂的鞭甩動作，強調以肘關節為軸，由
屈至伸，由鬆至緊的發勁方法。

　　② 慢速度的完整動作練習，重點體會上下的整體配
合。

圖37   圖38

9.左右騎龍步劈拳

①由併步抱拳開始。左腳向左側跨一步，左腿屈膝半蹲，右腿屈膝下跪成左騎龍步。同時，右拳由腰間經上向斜下直劈，拳心朝裡，力達拳輪；左拳隨之上架於頭上方。目視右拳（圖37）。

②身體右轉，右腿屈膝半蹲，左腿屈膝下跪成右騎龍步。同時，左拳由上向斜下直劈，拳心朝裡，力達拳輪；右拳經臉前向頭上架起。目視左拳（圖38）。反覆練習。

【要點】

劈拳時臂微內旋，以拳輪為力點，扣膝、切胯、轉腰要一致。

【攻防含義】

假設對方以腿法攻擊我膝關節以下部位，我迅速側閃以劈拳防守。

圖 39　　　　　　　　　圖 40

【易犯錯誤】

臂太直，劈拳時沒有充分借助轉腰切胯的力量，發力不整。

【糾正方法】

原地體會劈拳的外形動作，做騎龍步劈拳時重點體會以腰帶臂，轉腰切胯的重點。

掌　法

1.馬步左右推掌

①由馬步抱拳開始。左拳變掌用力向前推擊，掌指與肩平。目視左掌（圖 39）。

②右拳變掌用力向前推擊，掌指與肩平。同時，左掌變拳收抱於腰間，拳心朝上。目視右掌（圖 40）。反覆練習。

【要點】

臂由屈至伸，推掌時，臂肌收縮適度，發力於腰，力達掌根或掌的外緣。推掌可分為雙推、單推、橫手推和蝶手推等。

【攻防含義】

直線正面攻擊對手腹部以上的部位。

圖 41

【易犯錯誤及糾正方法】

參閱沖拳。

2.馬步挑掌

由馬步抱拳開始。兩拳變掌經內向上、向外弧行挑起，兩掌心朝內，掌指略高於肩。目視前方（圖41）。

【要點】

掌經內向外弧形挑起，以肘關節為軸，以拇指側為力點，兩肘下垂微向內合。

【攻防含義】

假設對方直線或橫擊我胸部以上部位時，即以挑掌進行攻守。

【易犯錯誤】

肘關節外張，前臂外展幅度過大。

【糾正方法】

① 擺架子體會正確動作的姿勢。

② 兩人一攻一防的配合練習，要求動作到位。

圖 42   圖 43

3.虛步撥掌

由虛步推掌開始。左掌由外向內畫弧為撥，力達掌心。目視左掌（圖42、43）。

【要點】

掌向內畫弧幅度不宜過大，掌心朝內，肘微屈下沉，腕關節保持緊張。

【攻防含義】

設對方以直線拳法或掌法攻擊我胸部以上部位時，即以撥掌防守。

【易犯錯誤】

臂太直，幅度太大，腕關節鬆懈。

【糾正方法】

兩人一攻一防的配合練習，體會防守的要點。

4.馬步標掌

由馬步抱拳開始。兩拳變掌直線向前標出，臂高與肩平，掌心相對，力達指尖。目視兩掌（圖44）。

圖44

【要點】

臂由屈至伸，以掌領先，以肘催手，用力要短、快，臂肌保持一定的緊張度。標掌分直掌前標，俯掌前標，仰掌標，單、雙標掌。

【攻防含義】

正面攻擊對方的胸、腹或面部。

【易犯錯誤】

聳肩、肘關節先動而出現的「甩掌」。

【糾正方法】

練習時勿強調用力，著重體會肩關節下沉和以掌領先、垂肘的要點。

5.盤手雙推掌

①由併步抱拳開始（圖45）。

②兩拳變掌，從左向上經臉前向右盤手，左掌置於右胸前，掌心朝右，掌指朝上；右掌置於右腰側，掌心朝前，掌指朝下。目視左側（圖46），此勢稱為右側蝴蝶掌（下同）。

③兩掌同時向左側平推，兩肘微屈；左掌心朝下，右

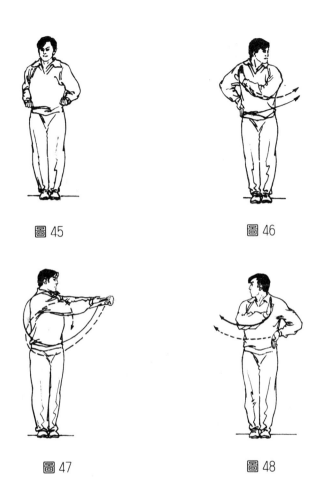

圖 45　　　　　　　　　　圖 46

圖 47　　　　　　　　　　圖 48

掌心朝上，掌指均朝右，小指側成一橫線，高與胸平。目視
兩掌（圖47）。

　　④兩掌由左向下、向右經臉前向左盤手，右掌置於左
胸前，掌心朝左，掌指朝上；左掌置於左腰側，掌心朝前，
掌指朝下。目視右側（圖48）。此勢稱為左側蝴蝶掌（下
同）。

圖 49 圖 50

⑤兩掌同時向右側平推，兩肘微屈；左掌心朝上，右掌心朝下，掌指均朝左，小指側成一橫線，高與胸平。目視兩掌（圖49）。左右反覆練習。

【要點】

盤手以肘關節為軸盤繞，高不過頭，低不過腹，不可停頓，繞行時兩臂要靠近軀幹。推掌時兩掌小指側齊平，向左推掌時左臂成半圓，右肘下沉；向右推掌時則右臂成半圓，左肘下沉。

【攻防含義】

此法是一種由防守轉反擊的連環手法，假設對方以直線拳法或掌法攻擊我胸腹部時，我迅速以盤手挑撥其臂，即以雙掌推出其肋部。

【易犯錯誤】

兩臂繞行盤手時，幅度太大或一先一後，推掌時兩小側不平。

【糾正方法】

圖 51

圖 52

①體會左右抱蝴蝶掌的姿勢。

②體會雙推掌的正確外形。

③兩人做攻防練習，體會兩臂的盤手路線。

6.左右拐步盤手雙推掌

①由併步抱拳開始。左腳向右前方上步，腳尖外擺；右腳跟提起，兩膝彎曲成左拐步。同時，兩拳變掌經體前下落向左弧形托起，左掌心朝上，右掌心朝下。目視兩掌（圖50）。

②上動不停。右腳經左腳前上步，腳尖外擺；左腿屈膝，腳跟離地成右拐步。同時，兩掌繼續向上經臉前向右盤手，成右側蝴蝶掌。目視兩掌（圖51）。

③左腳向左側上步，左腿屈膝，右腿挺膝成左弓步。同時，兩掌向前平推。目視兩掌（圖52）。

④右腳向左前方上步，腳尖外擺；左腳跟提起，兩腿彎曲成右拐步。同時，兩掌下落，經腹前向右側弧形托起，

圖53　　　　　　　　　　　　圖54

右掌心朝上，左掌心朝下。目視兩掌（圖53）。

　⑤左腳由後經右腳前上步，腳尖外擺；右腳跟提起，兩腿彎曲成左拐步。同時，兩掌繼續向上經臉前向左盤手，成左側蝴蝶掌（圖54）。

　⑥右腳向右側上步，屈膝半蹲，左腿挺膝伸直成右弓步。同時，兩掌向前平推。目視兩掌（圖55）。行進間反覆練習。

　【要點】

　左右拐步重心要平穩，行走速度逐漸加快，步幅適當大些；行走時沉氣、坐胯、兩足下踩、收腹斂臀，四平八穩；弓步推掌前要有半馬步蓄勁的過程。盤手的要點參考掌法之5。

　【攻防含義】

　參考盤手雙推掌，唯不同的是此式要有進步追擊的意識。

　【易犯錯誤】

圖 55

圖 56

①步幅太小，甚至做成併步；

②步法輕飄，沒能體現沉實穩重的特點；

③身體前傾，突臀；

④盤手時兩臂繞行幅度太大，不圓活。

【糾正方法】

出現前三種錯誤的原因是未能正確掌握左右拐步的技術，或者腿部力量不足所致，可專門練習拐步，改正第④種錯誤參考盤手雙推掌。

爪 法

1.左右弓步抓面爪

①由併步抱拳開始。左腳向左側開步，腳尖朝左，兩膝彎曲成半馬步。同時，左拳變虎爪從腰間經外向裡下按，手心朝前。目視左爪（圖56）。

②身體微左轉，左腿屈膝，右腿蹬地挺膝成左弓步。

圖 57　　　　　　　　圖 58　　　　　　　　圖 59

同時，右拳變虎爪由腰間向前抓擊，手心朝前，高與面平；
左虎爪置於右肘內側，手心斜朝下。目視右爪（圖57）。

　　③右腳上步，身體左轉，兩膝彎曲成半馬步。同時，
左虎爪變拳收回腰間，拳心朝上；右虎爪略經外向裡下按，
手心朝前。目視右爪（圖58）。

　　④身體微右轉，右腿屈膝，左腿蹬地挺膝成右弓步。
同時，左拳變虎爪，由腰間向前抓擊，手心朝前，高與面
平，右虎爪置於左肘內側，手心斜朝下。目視左爪（圖
59）。該動作在行進間反覆練習。

　　【要點】

　　上步要沉穩，半馬步時閉氣蓄勁，弓步抓面爪的發力由
下至上，充分借助後腿的蹬勁，軀幹微微前傾，做到形（虎
形）意合一。

　　【攻防含義】

　　假設對手以手法攻擊我胸部上下，即以一爪下按防守，
另一虎爪反擊其面部。

圖60　　　　　　　　　　圖61

【易犯錯誤】

上步時重心起伏，腰、腿的發力不明顯。

【糾正方法】

重心起伏可能是腿部力量不足，應加強馬步或半馬步的站樁，多做由半馬步轉弓上的發力練習。

2.虎步鶴嘴手

①由併步抱拳開始。左腳向前上步，身體微左轉。右拳變掌向右前上方穿出，掌心朝上；左拳變掌自然後擺，掌心朝下。目視右掌（圖60）。

②上動不停。軀幹微右轉，右掌以腕為軸沿逆時針方向纏繞一周，變鶴嘴手向右上方啄擊，指尖朝外。目視右手（圖61）。

③上動不停。右腳向前上步成右虛步。軀幹微右轉，右掌變鶴嘴手，繞經左肩外側向右前上方啄擊，指尖朝右，與太陽穴同高，左臂微屈，肘關節下垂；右鶴嘴手隨屈肘拉

至右肩側，指尖朝外。目視左
手（圖62）。

【要點】

以上動作要連貫，虛步定
勢時手腳配合要完整，軀幹略
向右擰轉，右臂內旋，左臂外
旋；鶴嘴手五指捏攏，直腕。

【攻防含義】

假設對方以貫拳攻擊我頭
部右側，我以右手穿繞進行刁
拿（防守），即以左鶴嘴手攻擊其面部或頭側面。

圖62

【易犯錯誤】

身體上下不協調；攻防方法不清楚；鶴嘴手屈腕。

【糾正方法】

① 原地體會鶴嘴手的攻防方法，也可做兩人攻防練
習。

② 放慢速度練習，重點體會身體上下的配合。

肘　法

1.插步撞肘

①由併步抱拳開始。左腳向左側跨步，腳尖朝前。同
時，左臂屈肘向胸前抬起，拳心朝下。目視左拳（圖
63）。

②右腳經左腿後向左側插步，軀幹微向左擰轉。同
時，左肘向左側平撞，力達肘尖。目視左肘（圖64）。

圖 63　　　　　　　圖 64　　　　　　　圖 65

③右腳收回還原成併步抱拳，左右交替練習。

【要點】

插步與撞肘要一致，發力時以腰催肘，擰腰轉頭。

【攻防含義】

在近距離格鬥時，以撞肘攻擊對方的胸、腹、肋，殺傷力較強。

【易犯錯誤】

發力不協調，撞肘時臂走弧線。

【糾正方法】

撞擊沙包或請同伴伸手為靶，體會撞肘的發力方法和運行路線。

2.單蝶步拍肘

①預備式為併步抱拳（圖65）。

②左腳向左側跨步，屈膝全蹲，右腿屈膝，小腿內側貼地成單蝶步。同時，左拳變掌伸至左胸前，掌心朝上；右

圖 66　　　　　　　　　　圖 67

臂屈肘，肘尖經上向前、向下運行，左掌心拍擊右肘，力達肘尖。目視右肘（圖66）。

③身體起立，左腳向右腳併步，還原立正姿勢。左右交替練習。

【要點】

轉肩、擰腰，以腰發力促使肘部撞出。

【攻防含義】

在近距離實戰時，攻擊對方的背部或頭部。

【易犯錯誤】

腰部發力不明顯，用勁不協調。

【糾正方法】

參考插步撞肘。

3.弓步擔肘

①由併步抱拳開始。左腳向左前上步，左腿屈膝，右腿挺膝伸直成左弓步。同時，左拳變掌伸至體前按掌，掌指

朝右，掌心朝下；右臂屈肘由下向左上方挑起成擔肘，力達肘尖。目視右肘（圖67）。

②重心右移，左腳向右腳併步，還原成立正姿勢。左右交換練習。

【要點】

屈臂向上擔起時應以腰發力為主，肘尖略高於肩，軀幹保持正直。

【攻防含義】

在近距離實戰時，以左手防守並壓住對方的上肢，即以擔肘攻擊其下頦或面部。

【易犯錯誤】

軀幹歪斜，發力不協調，力點不明顯。

【糾正方法】

①面對鏡子，體會正確的身體姿勢。

②請同伴伸手為靶，用肘挑擊手靶，體會擔肘的發力要領。

橋　法

所謂橋法，就是上肢動作的運使。橋有長橋、短橋之分。直臂為長橋，屈臂為短橋。

1.圈橋

【預備勢】

半馬步抱拳。

【動作說明】

以左手圈橋為例，左拳變掌，左臂側伸，以肘關節為

圖68   圖69

軸，前臂向內或向外沿立圓圈繞（圖68、69）。

【要點】

圈橋時肩關節保持下沉。

【攻防含義】

防守對方向我胸腹部進攻。

【易犯錯誤】

聳肩或肩關節緊張。

【糾正方法】

放鬆肩關節。

2.纏橋

【預備勢】

右弓步抱拳。

【動作說明】

以左手纏橋為例，左拳變掌，左臂側伸，以手腕活動為主，向內或向外劃立圓後，隨即成擒拿手狀（圖70、

圖 70   圖 71

71）。

【要點】

纏橋時上肢保持鬆、沉，纏手後即變擒拿動作。

【攻防含義】

纏橋是一種刁腕擒拿的手法。

【易犯錯誤】

肘關節也隨之繞行。

【糾正方法】

兩人進行纏橋拿腕的攻防練習。

3. 盤橋

【預備勢】

前後開步抱拳。

【動作說明】

以左手盤橋為例，左拳變掌，左臂側伸，以肩關節為軸，臂向內立圓圈繞，掌指朝上，掌心朝外（圖72）。

圖 72 圖 73

【要點】

沉肩垂肘，臂保持適當的彎曲。

【攻防含義、易犯錯誤及糾正方法】

均參考圈橋。

4.沉橋

【預備勢】

兩腳開立步（二字馬步），兩臂屈肘伸至臉前，掌心朝裡（圖73）。

【動作說明】

兩臂屈肘內旋同時下沉使前臂用力向下壓，掌心朝下（圖74）。

【要點】

沉肩夾肘，臂肌保持適度緊張。

【攻防含義】

用於防守對方以各種手法從側面攻擊我腹部或肋部。

圖74   圖75

【易犯錯誤】

臂肌放鬆，未夾肘。

【糾正方法】

多做正確動作的靜止練習，以加深本體感覺。

5.劈橋

【預備勢】

馬步抱拳。

【動作說明】

　　以左劈橋為例，兩拳變掌，以左前臂外緣（小指側）為力點，經上向斜下劈至體前，掌心朝上。同時，右掌附於左肘內側，掌心朝下（圖75）。

【要點】

沉肩、轉腰，腕關節保持緊張。

【攻防含義】

防對方以手法或腿法攻擊我腹部以下部位。

圖 76　　　　　　　　　　　　圖 77

【易犯錯誤】

直臂、上肢肌肉放鬆。

【糾正方法】

兩人進行一攻一防練習，體會正確的方法。

6.攻橋

【預備勢】

馬步抱拳

【動作說明】

兩拳變掌，兩臂內旋向前撞擊，肘微屈，掌心朝下，力達掌外緣（圖76）。此勢為雙攻橋，如單臂向前撞擊為單攻橋。

【要點】

旋臂、屈肘，以腰催手。

【攻防含義】

主要用於防守對方的正面攻擊，在近距離實戰時，也可

攻擊對方的胸肋部。

【易犯錯誤】

臂太直，力點不準。

【糾正方法】

多做攻橋的靜止姿勢。

7. 膀橋

【預備勢】

左弓步抱拳

【動作說明】

以右膀橋為例，兩拳變掌，右臂內旋，由外向內滾動挫出，臂微屈，掌心朝外，力達前臂內側（拇指側）。同時，左掌附於右上臂內側，掌心朝外（圖77）。

【要點】

旋臂與挫擊要同時。

【攻防含義】

防對方以手法或腿法攻擊我腹部上下部位。

【易犯錯誤】

臂太直，旋臂不充分，缺乏挫擊力。

8. 截橋

【預備勢】

左弓步抱拳。

【動作說明】

以右截橋為例，兩拳變掌，右臂外旋屈肘，以前臂外側（小指側）為力點，由外向內截擊，掌心朝內，掌指朝上。

圖 78

圖 79

同時，左掌附於右上臂內側，掌心朝內（圖78）。

【要點】

臂外旋，以腰轉促使截橋發力。

【攻防含義】

主要用於防對方以手法正面攻擊我胸部以上部位。

【易犯錯誤】

臂外旋不充分，以腰發勁不明顯。

【糾正方法】

放慢速度練習，注意前臂外旋，體會力發於腰的技巧。

9.架橋

【預備勢】

半馬步抱拳

【動作說明】

以左手架橋為例，左拳變掌，左臂內旋，以前臂外側
（小指側）為力點，向頭上架起，肘微屈，掌心斜朝上（圖
79）。

圖80　　　　　　　　　圖81

【要點】

屈臂內旋，架橋略高於頭。

【攻防含義】

主要用於防對方以手法攻擊我頭部。

【易犯錯誤】

臂太直或架橋的高度不準確，未能得到防守的效果。

【糾正方法】

請同伴做劈拳的攻擊方法，體會架橋的高度和正確姿勢。

10.穿橋

【預備勢】

左弓步右沖拳

【動作說明】

以左穿橋為例。左拳變掌經右臂下面向前向外畫弧穿出，腕外展，指尖朝後，同時上體微右轉成半馬步，右拳收抱於腰間。目視左手（圖80、81）。

【要點】

展腕、沉肘，穿橋時右臂用力回拉。

【攻防含義】

設右腕被對方抓握，即以左穿橋解脫。

【易犯錯誤】

穿橋時未經另一臂的下面穿出，手腕沒外展。

【糾正方法】

專門體會展腕的手型，然後請同伴抓握手腕，體會使用穿橋解脫的方法。

五、基本腿法

1.前蹬腿

腿由屈到伸，腳尖翹起，以腳跟為力點向前猛力蹬出，上體保持正直，目視蹬腿方向（圖82）。

【要點】

蹬腿是屈伸性腿法，提膝與蹬腿要連貫，提膝時小腿放鬆，蹬腿時爆發式用力；支撐腳五趾抓地、收腹、立腰、緊臀。

【攻防含義】

正面進攻，主要攻擊對方的胸、腹部。

【易犯錯誤】

①屈膝上抬高度不夠，出現「撩腿」。

②送髖，上體後仰。

③踝關節放鬆，力點不準確。

圖 82

圖 83

【糾正方法】

①採用分解練習法，即先提膝後蹬腿，但不宜練習過多，以免影響動作的連貫性。

②降低蹬腿高度，重點體會收髖和上體保持正直。

③多做腳掌勾、繃的變換練習，提高踝關節的靈活性。

2.前釘腿

一腿屈膝提起，由屈到伸，迅速向前下方釘踢，腳尖繃直，高不過膝，目視腳尖（圖 83）。

【要點】

提膝時以大腿帶小腿，踝關節放鬆，釘腿時挺膝，腳面用力繃直，發勁快、脆。

【攻防含義】

攻擊對方的脛骨。

【易犯錯誤】

①膝關節不直；腳尖繃
得不緊。

②彈踢時缺乏爆發勁。

【糾正方法】

①側重體會挺膝繃腳。

②釘腿時注意掌握先鬆
後緊的用勁技巧。

3.踩腿

圖84

一腿屈膝提起，膝關節外
展，由屈到伸，迅速向前下方踩出，腳尖勾緊並翻轉朝
外，高不過膝。目視腳跟（圖84）。

【要點】

邊屈膝外展，腳尖盡量朝外，用勁短促、乾脆，力達腳
掌內側。

【攻防含義】

攻擊對方的脛骨或截擊對方的釘腿。

【易犯錯誤】

①膝關節外展及腳尖翻轉不夠。

②腿的屈伸不明顯。

【糾正方法】

①一手扶牆或肋木，練習提膝翻腳動作。

②強調提膝保持一定的高度，腿先屈後伸。

4.側踹腿

由叉步抱拳開始。右腿支撐；左腿屈膝側抬，由屈到

圖 85   圖 86

伸，腳掌用力向左上方踹出，腳高於胯，挺膝，腳尖勾緊，
腳外緣朝上。目視左腳（圖85、86）。

【要點】

屈膝時小腿放鬆，踹腿時挺膝、開髖、勾腳，支撐腿伸
直，腳五趾抓地。

【攻防含義】

踹腿主要攻擊對方軀幹以上部位。

【易犯錯誤】

腿屈伸不明顯，收髖。

【糾正方法】

練習者可一手扶在肋木上，降低踹腿高度，重點體會腿
由屈到伸和開髖的技術。

5.橫釘腿

兩腿右前左後站立。右腿支撐，腳尖略外轉；左腿屈膝
側抬，腳由左側向斜上方猛力橫釘，腳尖勾起，高於腰，力

圖 87   圖 88

達腳前掌。目視腳尖（圖87、88）。

【要點】

抬腿時以大腿帶小腿；釘腿時腿部屈伸明顯，先鬆後緊，快速用力，勾腳收腹。

【攻防含義】

從側面攻擊對方軀幹以上部位。

【易犯錯誤】

腿的屈伸不明顯，腳尖勾不緊。

【糾正方法】

降低釘腿高度，重點要求屈膝上抬，釘腿時靜止檢查挺膝勾腳的規格，練習多次以後再按正常的速度和高度練習。

基本動作組合練習

組合（一）

半步→半馬步→左右弓步

動作說明：

預備勢：

併步抱拳

1.半馬步

左腳向左側邁步，腳尖朝左；兩腿屈膝半蹲，重心偏於右腿，目視左側。

2.左弓步

右腿蹬地，腳跟外轉，挺膝；身體左轉，同時左腿屈膝前弓成左弓步。

左腳回收還原成併步抱拳，左右轉換練習。

【要點】

成半馬步時，重心保持前四後六或前三後七，猶如被壓縮的彈簧般閉氣蓄勁。

由半馬步轉弓步時，重心不可上提，發力要注意蹬足、扣膝、挣胯、轉腰的順序。完成弓步後要前腳踩後腳蹬，產

生一股對稱相掙的「內力」。

【易犯錯誤】

①開步成半馬步時，重心過於前移。

②轉弓步時先轉腰後蹬腿或身體立起。

【糾正方法】

①強調先屈膝，將重心控制在支撐腿之後再開步。

②請同伴將兩手按在自己肩上，以免先轉腰或身體立起。如此按要點多次重複正確動作。

組合（二）

併步→虛步→馬步→單蝶步→騎龍步

動作說明：

預備勢：

併步抱拳

1.左虛步

重心移至右腿並屈膝半蹲，左腳向前上半步，腳尖點地成左虛步。目視前方。

2.馬步

左腳向前上半步，腳尖內扣。同時，身體右轉，兩腿屈膝半蹲成馬步。目視前方。

3.右單蝶步

左腿屈膝全蹲，右腿屈膝下跪，小腿內側貼地成單蝶步。軀幹直立，目視前方。

4.右騎龍步

身體稍起立並右轉。同時,左腿屈膝內扣,腳前掌著地;右腿半蹲,膝蓋前頂,全腳掌著地成騎龍步。收腹立腰,目視前方。

左腳向右腳併步還原成預備勢。左右反覆練習。

【要點】

虛步變馬步時,轉體與扣膝要同時,沉氣、實腹、斂臀。馬步變右單蝶步時,右腳稍向後移動,收腹立腰。騎龍步時,前腳下踩,五趾抓地,後腳蹬地,扣膝掙胯。

【易犯錯誤】

馬步時腳尖外撇成「八字步」。單蝶步時軀幹前傾,騎龍步不穩。

【糾正方法】

變馬步時要有意識地使兩腳腳跟外緣用力外蹬。單蝶步時強調臀部緊貼於全蹲之腿,勿低頭。騎龍步重點體會要點。

組合 (三)

併步→左、右拐步→半馬步→弓步

動作說明:

預備勢:

併步抱拳

1.左拐步

左腳向右前方上步,膝關節微屈,腳尖外擺;右腿屈膝

下跪（不著地），腳跟離地成左拐步。目視前方。

2.右拐步

右腳由後經左腳前向左前方上步，腳尖外擺，膝關節微屈；左腿屈膝下跪，腳跟離地成右拐步。目視前方。

3.半馬步

左腳由後向左前方上步，腳尖朝左，兩膝彎曲半蹲成半馬步。目視前方。

4.左弓步

右腿蹬腳挺膝，左腿屈膝前弓成左弓步。目視前方，可接右拐步反覆練習。

【要點】

步法移動中重心不要起伏，做到沉氣、坐胯、踩腳，步幅較大，步速逐漸加快，成半馬步後應稍停頓，蓄勁後再轉弓步，要求保持立腰、豎項、四平八穩的身型。

【易犯錯誤】

重心有起伏，步幅太小，左右拐步不明顯或做成併步。

【糾正方法】

除認真體會動作要領外，初練時可在做出每一個步型後都靜止適當時間，經由站樁使腿部力量加強以後，再按照正常的節奏練習。

圖 89-1

圖 89-2

組合（四）

左弓步沖拳→右虛步穿橋→馬步沖拳→右弓步沖拳→左
虛步穿橋→馬步沖拳→併步抱拳

動作說明：

預備勢：

併步抱拳（圖 89-1）

1.左弓步沖拳

左腳向左側邁步，身體左轉，左腿半蹲，右腿挺膝伸直
成左弓步。同時，左拳變掌，掌心朝外，向左平摟手後收至
腰間抱拳，拳心朝上；右拳隨體轉向前沖出，拳心朝下，力
達拳面，臂與肩平，目視前方（圖 89-2）。

【要點】

邁步、摟手、轉腰要一致，沖拳的發勁順序是起於足，
順於腰，達於手。勁力要先蓄後發。

【攻防含義】

假設對方以拳或掌擊我肋部，即以左手摟抓其腕，以右沖拳反擊其軀幹。

【易犯錯誤】

①摟手沖拳時聳肩。

②先沖拳後蹬腿或右腳後移，發力不順。

【糾正方法】

①重複做摟手沖拳，注重沉重。

②分解練習方法，即邁左步（半馬步）、摟左手、蹬腿、沖拳、收左手，重點體會動作順序和技術要點。

2.右虛步穿橋

重心移至左腿，右腳向前上半步，腳尖點地成右虛步。同時，左拳變掌沿右臂（橋）下向前穿出，掌指外展朝左，掌心朝前；右拳拉至腰間，拳心朝上。目視左掌（圖89-3）。

【要點】

上步、穿橋與右拳拉回要一致，左掌以掌指為力點，掌心朝下向前穿出，穿出後掌指盡量後伸，沉肩垂肘。

【攻防含義】

假設右腕被對方抓握，即以左穿橋解脫。

【易犯錯誤】

①左穿橋未經右臂下穿出。

②虛步時歪胯。

【糾正方法】

①原地練習穿橋。

圖 89-3　　　　　　　　　圖 89-4

②請同伴提醒或對著鏡子糾正歪胯的錯誤。

3.馬步沖拳

　　右腳向前上半步，腳尖內扣，身體左轉，兩腿半蹲成馬步。同時，右拳向右側沖出，拳眼朝上，力達拳面，臂與肩平；左掌收置於右肩前，掌指朝上，掌心朝右。目視右拳（圖 89-4）

　　【要點】

　　右腳落地時腳跟外緣用力，沖拳要與上步、轉體一致，力發於腰。

　　【攻防含義】

　　緊接上動穿橋解脫之後，即以右沖拳擊對方肋部。

　　【易犯錯誤】

　　①腳尖外撇成「外八字」。

　　②沖拳時出現「擦拳」的動作。

圖 89-5

【糾正方法】

①專門練習由虛步轉馬步，重點體會腳跟外蹬的要點。

②原地練習左右側沖拳，強調拳面領先，肘勿先動。

4.右弓步沖拳

身體右轉，右腳稍向後移，屈右膝，左腿蹬地挺膝成右弓步。同時，右拳變掌向右平摟手後收回腰間抱拳，拳心朝上；左掌變拳經腰間向前沖出，拳心朝下，力達拳面，臂與肩平。目視前方（圖 89-5）。

【要點、攻防含義、易犯錯誤及糾正方法】

均參考本組合第1動左弓步沖拳。

5.左虛步穿橋

重心移至右腿，右腿屈膝；左腳向前上半步，腳尖點地成左虛步。同時，右拳變掌沿左臂下向前穿出，掌指朝右，

圖 89-6

圖 89-7

掌心朝前；左拳拉回腰間，拳心朝上。目視右掌（圖 89-6）。

【要點、攻防含義、易犯錯誤及糾正方法】

均參考本組合第 2 動右虛步穿橋。

6.馬步沖拳

左腳向前上半步，腳尖內扣，身體右轉，兩腿屈膝成馬步。同時，左拳向左側沖出，拳眼朝上，力達拳面，臂與肩平；右掌收置於左肩前，掌心朝左，掌指朝上。目視左拳（圖 89-7）。右腳向左腳靠攏成併步抱拳。

【要點、攻防含義、易犯錯誤及糾正方法】

均參考本組合第 3 動。

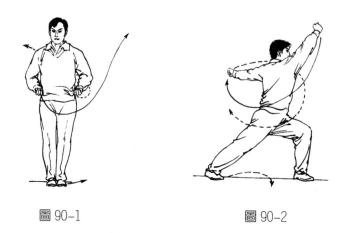

圖 90-1　　　　　　　　　　圖 90-2

組合（五）

弓步右拋拳→左弓步蓋拳→右弓步撞拳→左弓步側沖拳→弓步左拋拳→右弓步蓋拳→左弓步撞拳→右弓步側沖拳→併步抱拳。

動作說明：

預備勢：

併步抱拳（圖 90-1）。

1. 弓步右拋拳

身體左轉，左腳向左側邁步，屈膝半蹲，右腿挺膝伸直成左弓步。同時，左拳直臂向左後方擺起，高與肩平，拳心朝下；右拳直臂由下向前、向右斜上拋起，拳眼朝後。目視前方（圖 90-2）。

【要點、攻防含義、易犯錯誤及糾正方法】

均參考拳法中的拋拳。

圖 90-3　　　　　　　　　圖 90-4

2.左弓步蓋拳

①身體右轉，右腳向前上步，腳尖外擺，左腳跟離地，兩膝微屈成拐步。同時，右拳由上向下、向右後方揮擺；左拳由後經上向前、向右下抄掛。目視左拳（圖90-3）。

②上動不停。左腳向前上步，身體微左轉，左腿屈膝，右腿挺膝伸直成左弓步。同時，左拳繼續經右向上、向前、向左後方反臂下掛至與肩同高，拳心朝下；右拳直臂經上向前立圓掄蓋至體前，拳心斜朝裡。目視右拳（圖90-4）。

【要點】

動作要連貫，掛拳時臂要由內旋轉外旋。

蓋拳時，力發於腰，傳於手，發長勁，兩臂前後對稱用力。

圖 90-5 　　　　　　　圖 90-6

【攻防含義、易犯錯誤及糾正方法】

參考拳法中的蓋拳。

3.右弓步撞拳

左腳向左後方退步，挺膝伸直；右腿屈膝半蹲成右弓步。同時，右拳屈肘收回腰間抱拳，拳心朝上；左拳屈肘由後經下向前、向上拋撞，拳面朝上，拳心朝裡，高與肩平。目視左拳（圖90-5）。

【要點】

退步與撞拳一致，發力於腰。

【攻防含義】

設對方以手法追求我頭部，即邊退步邊以左撞拳反擊其下頦。

【易犯錯誤及糾正方法】

參考拳法中的撞拳。

4.左弓步側沖拳

身體左轉，右腿挺膝伸直；左腿屈膝半蹲成左弓步。同時，右拳隨體轉向右側沖出，拳眼朝上，高與肩平，力達拳面；左拳收至腰間，拳心朝上。目視右拳（圖90–6）。

圖90-7

【要點】

轉體、左拳回收與沖右拳要一致，力發於腳。

【攻防含義】

繼上動，連續進攻對方的肋部。

【易犯錯誤】

重心左移之後再沖拳，力發於腳不明顯。

【糾正方法】

重點強調不要先移重心，主要是借助右腿的蹬勁沖拳，扣膝轉胯要有爆發勁。

5.弓步左拋拳

身體右轉，左腿扣膝挺直；右腿屈膝半蹲成右弓步。同時，右拳向下、向右後方揮擺至與肩平，拳心朝下；左拳由腰間直臂經下向左斜上方拋起，拳眼朝後。目視前方（圖90-7）。

【要點、攻防含義、易犯錯誤及糾正方法】

與第1動相同。

圖 90-8　　　　　　　　圖 90-9

6.右弓步蓋拳

①前腳向前上步，腳尖外擺，身體左轉，右腳跟離地，兩膝微屈成拐步。同時，左拳由上向下、向左後方揮擺；右拳由後經上向前、向左下抄掛。目視右拳（圖90-8）。

②上動不停。右腳向前上步，身體微右轉，右腿屈膝，左腿挺膝伸直成右弓步。同時，右拳繼續由左下方經上向前反臂下掛至右後方，臂與肩平，拳心朝下；左拳直臂經上向前立圓掄蓋至體前，拳心斜朝裡。目視左拳（圖90-9）。

【要點、攻防含義、易犯錯誤及糾正方法】
與左弓步蓋拳相同。

圖 90-10　　　　　　　　圖 90-11

7.左弓步撞拳

右腳向右後方退步，挺膝伸直；左腿屈膝半蹲成左弓步。同時，左拳收至腰間，拳心朝上；右拳屈肘由後經下向前、向上拋撞，拳心朝裡，拳面朝上，與肩同高。目視右拳（圖 90-10）。

【要點、攻防含義、易犯錯誤及糾正方法】

與右弓步撞拳相同。

8.右弓步側沖拳

身體右轉，左腿挺膝伸直，右腿屈膝半蹲成右弓步。同時，左拳隨轉體向左側沖出，拳眼朝上，高與肩平，力達拳面；右拳收回腰間，拳心朝上。目視左拳（圖 90-11）。

【要點、攻防含義、易犯錯誤及糾正方法】

與左弓步側沖拳相同。

左腳向右腳併攏成併步抱拳。

圖 91-1　　　　　　　　圖 91-2

組合（六）

馬步雙切橋→馬步雙挑掌→馬步沉橋單指手→馬步雙標掌沉橋→併步抱拳。

動作說明：

預備勢：馬步抱拳（圖 91-1）。

1.馬步雙切橋

步不動。兩掌變掌，兩臂內旋向前下方滾切，肘微屈，掌心朝下，拇指側朝裡。目視兩掌（圖 91-2）。

【要點】

切橋時雙臂邊內旋滾動邊向前下方推出，用力要短促、乾脆。力達前臂小指側。

【攻防含義】

防守對方起腿踢我腹部以下部位。

圖 91-3

【易犯錯誤】

上體前屈，臂太直，內旋不充分。

【糾正方法】

專門練習切橋，強調旋臂和身形端正。

2.馬步雙挑掌

步不動。兩掌以肘關節為軸由下向上經臉前分別向左右畫弧上挑至兩肩前，掌心朝後，掌指朝上，指尖與眼眉同高。目視右掌（圖91-3）。

【要點】

夾肘護肋，用力短促、乾脆。

【攻防含義】

防範對方擊打頭部。

【易犯錯誤】

挑掌幅度過大，兩肘外翻。

圖 91-4　　　　　　　　圖 91-5

【糾正方法】

先練習靜止姿勢體會動作的外形，然後兩人做攻防練習，體會防守效果。

3.馬步沉橋單指手

①步不動。兩掌變單指手由肩前分別下沉至腰側，掌心朝下，指尖斜朝外。目視右手（圖91-4）。

②兩指由腰間慢慢向前推出，肘微屈下沉，坐腕，食指尖朝上。目視指尖（圖91-5）。

【要點】

沉橋時兩肘主動後撤，推指時臂肌保持極度收縮較長時間，速度慢而勻，氣沉丹田，收腹斂臀，軀幹保持中正。

【攻防含義】

此勢主要用於增強腰背肌、胸大肌、上肢肌（橋手）的力量。

圖91-6   圖91-7

【易犯錯誤】

軀幹前傾，突臀，肘關節外翻。

【糾正方法】

除加強馬步站樁的練習外，還要專門練習單指手，必須
做到肘關節向內合。

4.馬步雙標掌沉橋

①步不動。兩臂屈肘，兩手食指挑至肩上，手心朝
上，肘尖正對前方。目視左肘（圖91-6）。

②兩手變掌下沉至腰間，掌心斜朝下，指尖上翹，指
向兩側。目視右掌（圖91-7）。

③兩掌快速地向前直腕平插，拇指朝上，兩掌心相
對，與肩同寬，臂與肩平。目視前方（圖91-8）。

④兩肘猛速下沉，坐腕、翹指。目視前方（圖91-
9）。

圖91-8　　　　　　　　圖91-9

左腳向右腳併攏，兩手收至腰間成併步抱拳。

【要點】

標掌時兩臂快速用力，指尖領先直掌前標，沉橋要突然，整個組合要體現立馬如釘、紋絲不動、沉實穩固的特點，手法要清晰，乾脆俐落。

【攻防含義】

標掌直攻中門（前胸）；沉橋是防守對方向我腹下或兩肋進攻。

【易犯錯誤】

屈臂上挑時肘尖外翻，標掌時肘關節先動而出現「甩掌」的錯誤。

【糾正方法】

強調夾肘，重點體會以肘催手。

圖 92-1　　　　　　　　　　圖 92-2

組合（七）

左弓步側沖拳→截橋、標掌→沉橋、纏橋→右弓步側沖
拳→截橋、標掌→沉橋、纏橋→併步抱拳。

動作說明：

預備勢：馬步抱拳（圖 92-1）。

1.左弓步側沖拳

身體左轉，右腿扣膝挺直，左腿屈膝半蹲成左弓步。同
時，右拳隨轉體向右側沖出，拳眼朝上，拳與肩平，力達拳
面。目視右拳（圖 92-2）。

【要點、攻防含義、易犯錯誤及糾正方法】

參考拳法中的右側沖拳。

圖 92-3   圖 92-4

2.截橋、標掌

①步不動。右臂（橋）屈肘，前臂外旋向左攔截至右肩前，前臂近於垂直，力達前臂小指側，拳心朝裡。目視右拳（圖92-3）。

②右拳收至右腰側後變掌，隨即以腕為軸，掌指為力點，沿逆時針方向纏繞一圈，掌心斜朝下，翹指坐腕。目視右掌（圖92-4）。

③右掌向右側標掌，肘略沉，指尖斜朝下，腕與肩平。目視右掌（圖92-5）。

【要點】

截橋動作幅度要小，用力短促；掌纏繞時畫圓不要太大，標掌時要爆發用力，力達指尖。

【攻防含義】

截橋和纏繞是連環防守法，假設對方以沖拳或貫拳攻擊

圖 92-5　　　　　　　　圖 92-6

我胸部上下，則以截橋格擋，對方再攻擊肋部，則以纏繞化
解，繼而以標掌擊其臉部。

【易犯錯誤】

截橋力點不明顯，標掌時肘關節外張。

【糾正方法】

請同伴幫助做攻擊練習以截橋格擋，標掌時注意掌指領
先，以肘催手。

3.沉橋、纏橋

①步不動。右臂以肘尖為力點用力下沉，指尖上挑與
肩平。目視右掌（圖 92-6）。

②右掌以腕為軸，沿逆時針方向纏繞一圈後握拳（纏
橋），拳心朝下，拳眼朝裡，肘微屈，臂與肩平。目視右拳
（圖 92-7）。

圖 92-7　　　　　　　　　圖 92-8

【要點】

沉橋用力要迅速、短促，纏橋幅度要小。

【攻防含義】

沉橋是防守對方以手法進攻肋部，纏橋是以擒拿手法抓握其腕。

【易犯錯誤及糾正方法】

參考橋法中的纏橋和沉橋。

4.右弓步側沖拳

①手不動。右腿向左腿回收點地後即向右側跨步，腳尖朝右，兩腿屈膝，重心偏於左腿。目視右拳（圖92-8）。

②左腿扣膝挺直，右腿屈膝成右弓步。同時，左拳由腰間向左側沖出，拳眼朝上，高與肩平；右拳收回腰間，拳心朝上。目視左拳（圖92-9）。

圖 92-9　　　　　　　　　圖 92-10

【要點】

右腳回收再跨步時重心不要起伏或過度右移。閉氣蓄勁，左沖拳時注意蹬腳、扣膝、轉腰和發力順序，沉肩垂肘，軀幹正直。

【攻防含義】

參考拳法中的側沖拳。

【易犯錯誤】

①右腳回收時重心起伏。

②跨步時重心偏於右腿或向右轉腰。

【糾正方法】

對照鏡子或請同伴檢查，按照要點練習。

5.截橋、標掌

①步不動。左臂（橋）屈肘，前臂外旋向右攔截至左肩前，前臂近於垂直，力達前臂小指側，拳心朝裡。目視左拳（圖92-10）。

圖 92-11   圖 92-12

②左拳收至左腰側後變掌，隨即以腕為軸，以掌指為力點，沿順時針方向纏繞一圈，掌心斜朝下，翹指坐腕。目視左掌（圖 92-11）。

③左掌向左側標掌，肘略沉，指尖斜朝下，腕與肩平。目視左掌（圖 92-12）。

【要點、攻防含義、易犯錯誤及糾正方法】
參閱第 2 動。

6.沉橋、纏橋

①步不動。左臂以肘尖為力點用力下沉，指尖上挑與肩平。目視左掌（圖 92-13）。

②左掌以腕為軸，沿順時針方向纏繞一圈後握拳（纏橋），拳心朝下，拳眼朝裡，肘微屈，臂與肩平。目視左拳（圖 92-14）。

左腳向右腳併攏，左拳收至腰間成併步抱拳。

【要點、攻防含義、易犯錯誤及糾正方法】

圖 92-13　　　　　　　　圖 92-14

與第 3 動相同。

組合（八）

右弓步側沖拳→勒手左釘腿→右弓步雙推掌→左弓步側
沖拳→勒手右踩腿→左弓步雙推掌→右弓步擔肘→併步抱
拳。

動作說明：

預備勢：馬步抱拳（圖 93-1）。

1.右弓步側沖拳

身體右轉，左腿挺膝伸直；右腿屈膝成右弓步。同時，
左拳隨轉體由腰間向左側沖出，肘微屈，拳眼朝上。目視左
拳（圖 93-2）。

【要點、攻防含義、易犯錯誤及糾正方法】

參考拳法中的側沖拳。

圖93-1

圖93-2

2.勒手左釘腿

兩拳變鷹爪，右爪向腹前略伸，手心斜朝左，左爪弧形伸向胸前，手心斜朝右，兩手同時屈肘拉至左腰側，手心相對。同時，左腿屈膝抬起，以腳尖為力點，小腿由屈到伸向前下方彈釘，腳面繃直。目視左腳（圖93-3）。

【要點】

勒手與釘腿是向相反方向用力，上下要協調一致，勁力要乾脆。

【攻防含義】

當對方伸手抓我胸部時，即以兩手抓握其臂向左後拉拽，並以釘腿彈擊其脛骨以絆倒對方。

【易犯錯誤】

兩鷹爪擺幅過大，勒手與釘腿用力不協調。

【糾正方法】

請同伴配合做伸手抓胸動作，糾正兩鷹爪的動作，提高

圖 93-3 圖 93-4

上下用力的協調性。

3.右弓步雙推掌

左腳向後落步，挺膝伸直，右腿屈膝成右弓步。同時，兩鷹爪變掌由腰間向前平推，臂微屈，左掌心朝上，右掌心朝下，指尖均朝左。目視兩掌（圖 93-4）。

【要點】

落步與雙推掌要一致，兩掌小指側要齊平。

【攻防含義】

繼上動，如向後拽不倒對方即以推掌向前擊之。

【易犯錯誤】

推掌時兩掌一前一後，小指側不齊，兩掌不平，雙臂太直。

【糾正方法】

按基本技術中雙推掌的要點做靜止的「耗架子」，以建立正確的動力定型。

圖 93-5

4.左弓步側沖拳

以兩腳掌為軸，身體左後轉，左腿屈膝前弓，右腿挺膝伸直成左弓步。同時，左掌變拳收至腰間，拳心朝上；右掌變拳經腰間向右側沖出，肘微屈下沉，拳眼朝上。目視右拳（圖 93-5）。

【要點】

轉體與沖拳要一致，沖拳要借助蹬右腿的力量，即力起於腳。

【攻防含義】

由右向左擊打對方的肋部。

【易犯錯誤】

先轉體後沖拳。

【糾正方法】

專門體會沖拳與轉體的一致性。

圖 93-6　　　　　　　　圖 93-7

5.勒手右踩腿

　　兩拳變鷹爪，左爪伸向腹前，手心斜朝右，右爪沿弧形
伸向胸前，手心斜朝左，兩手同時屈肘拉至右腰側，手心相
對。同時，右腿屈膝抬起，膝關節外展，小腿由屈到伸迅速
向前下方踩出，腳尖勾緊並外轉，力達腳掌內側。目視右腳
（圖 93-6）。

　　【要點、攻防含義、易犯錯誤及糾正方法】
　　參考第 2 動。

6.左弓步雙推掌

　　右腳向後落步，挺膝伸直；左腿屈膝成左弓步。同時，
兩鷹爪變掌向前平推，臂微屈，右掌心朝上，左掌心朝下，
指尖均朝右。目視兩掌（圖 93-7）。

　　【要點、攻防含義、易犯錯誤及糾正方法】
　　參考第 3 動。

圖 93-8 　　　　　　　　圖 94-1

7.右弓步擔肘

　　以兩腳掌為軸，身體向右後轉，右腿屈膝前弓，左腿挺膝伸直成右弓步。同時，右掌經腹前向右畫弧按於胸前，掌心朝下，掌指朝左；右臂彎曲以肘尖為力點經體前向下、向上擔挑，肘尖朝前，置於右掌之上；右掌置於左肩上。目視左肘尖（圖 93-8）。

　　左腳向右腳併攏，兩掌變拳收至腰間成併步抱拳。

　　【要點】

　　擔肘要充分借助蹬腳轉腰的力量，發勁由下至上。整個組合方法要清晰，動作要連貫，用勁要乾脆。

　　【攻防含義】

　　由前向後以肘尖挑擊對方的下頦。

　　【易犯錯誤及糾正方法】

　　參考基本肘法中的弓步擔肘。

圖 94-2   圖 94-3

組合（九）

左弓步沖拳→半馬步穿橋→左弓步拍肘→右虛步鞭拳→
騎龍步沖拳→轉身蹬腿沖拳→跪步蓋拳→併步抱拳

動作說明：

預備勢：併步抱拳（圖 94-1）。

1.左弓步沖拳

①左腳向左前方上步，兩腿屈膝成半馬步。同時左拳
變掌向左畫弧下按，臂微屈內旋，拇指側斜朝下。目視左掌
（圖 94-2）。

②身體左轉，右腿挺膝伸直，左腿屈膝成左弓步。同
時，左拳向前平沖，拳心朝下，臂與肩平，力達拳面；左掌
變拳收至腰間，拳心朝上。目視右拳（圖 94-3）。

【要點】

半馬步時重心偏於右腿，閉氣蓄勁；弓步沖拳力發於

圖 94-4　　　　　　　　　圖 94-5

腳,順於腰,達於手。

【攻防含義】

假設對方以手法攻擊我腹部,即以左掌下按防守,右沖拳反擊其胸。

【易犯錯誤】

左按掌擺幅過大,右沖拳時腰腿勁不足。

【糾正方法】

請同伴做攻擊動作,體會左手防守的效果,原地體會半馬步轉弓步的蹬腿轉腰技術。

2.半馬步穿橋

重心後移,上體右轉,右腿屈膝成半馬步。同時,左拳變掌沿右臂下穿出,指尖朝後,臂與肩平;右拳收至腰間。目視左掌(圖 94-4)。

【要點、攻防含義、易犯錯誤及糾正方法】

參考基本橋法中的穿橋。

圖 94-6

圖 94-7

3.左弓步拍肘

身體左轉，重心前移，右腿挺膝伸直成左弓步。同時，左臂向裡屈肘，左掌心朝上；右臂彎曲，以肘尖為力點由後經上向前砸擊左掌，肘與肩平。目視右肘（圖 94-5）。

4.右虛步鞭拳

①左腳稍向前活步，左掌右拳向左側平擺。目視左側（圖 94-6）。

②重心移至左腿，左膝彎曲；右腳向右前上半步，腳尖點地成右虛步。同時，右拳由屈到伸向右平掄鞭撻，拳眼朝上，力達拳背；左掌護於右胸前，掌心朝右，掌指朝上。目視右拳（圖 94-7）。

【要點】

活步、擺臂與轉頭一致，右腳點地、右拳鞭撻與轉頭一致，動作要連貫、乾脆、完整。

圖 94-8　　　　　　　　　　圖 94-9

【攻防含義】

活步擺臂是閃躲對方的進攻，然後即以右鞭拳橫擊其頭部側面。

【易犯錯誤及糾正方法】

參考基本拳法中的左右插步鞭拳。

5.騎龍步沖拳

①右腳略向前活步，全腳掌著地，兩膝彎曲，重心偏於左腿。同時，左掌變拳，兩臂屈肘置於胸前，拳面相對，拳眼朝上。目視右拳（圖94-8）。

②重心右移，右腿屈膝前弓；左腿屈膝下跪（不觸地），腳跟離地成騎龍步。同時，左拳向前沖出，拳眼朝上，力達拳面，臂與肩平；右臂側屈，右拳置於右胸前，拳眼朝上。目視左拳（圖94-9）。

【要點】

①閉氣蓄勁，腰微左轉。

② 轉腰順肩，十趾抓
地。

【攻防含義】

繼上動，以左沖拳擊打對
方的肋部。

【易犯錯誤】

右肩上端，步不穩。

【糾正方法】

練習時注意右臂提肘沉
肩，扣膝掙胯，趾尖用力。

圖94-10

6.轉身蹬腿沖拳

身體向左後轉，右腳尖裡扣，右腿伸直支撐；左腿屈膝
抬起隨體轉向前蹬出，腳尖勾緊朝上，力達腳跟。同時，左
拳變掌經下向上撩起屈臂置於右肩內側，指尖朝上；右拳隨
體轉向前沖出，拳眼朝上，力達拳面。目視前方（圖94-
10）。

【要點】

轉體要迅速，蹬腿、沖拳要一致。

【攻防含義】

轉身撩左掌是防守手法，蹬腿沖拳是連攻對方的中下
盤。

【易犯錯誤】

左蹬腿屈伸不明顯，右沖拳做成「撩拳」。

【糾正方法】

①反覆練習轉身蹬腿，強調先屈膝後蹬腿的連貫性。

| 圖 94-11 | 圖 94-12-① | 圖 94-12-② |

②右沖拳時拳由右胸前向前沖出，勿走弧線。

7.跪步蓋拳

①左腳向後落步，左掌右拳經下分擺至兩側。目視右側（圖 94-11）。

②動作不停，右腳向後落步屈膝下跪（不觸地），左腿屈膝下蹲成跪步。同時，右拳直臂經上向前、向下蓋至右膝內側，拳心朝裡；左掌經上屈臂擺至右胸前，掌心朝右，掌指朝上。目視右拳（圖 94-12①②）。

右腳向左腳併攏，兩拳收至腰間成併步抱拳。

【要點】

動作連貫，右拳掄蓋的幅度宜大，蓋拳時含胸拔背。

【攻防含義】

繼上動，假設對方向我追來並抱腿，我迅速退步下蹲，以右蓋拳擊其後背。

【易犯錯誤】

圖 95-1

圖 95-2

①左腳後撤而未完成跪步。

②右臂屈肘形成下沖拳。

【糾正方法】

①專做蹬腿沖拳後接退步的練習，強調右腳撤步不宜過大，屈膝要充分。

②原地練習蓋拳，強調右臂要伸直掄繞。

組合（十）

盤手左弓步疊掌→右弓步架沖拳→拖步撞拳→插步鞭拳→左弓步掛蓋拳→馬步側沖拳→併步抱拳

動作說明：

預備勢：併步抱拳（圖 95-1）。

1.盤手左弓步疊掌

①左腳向左前上步，腳尖外擺，兩腿屈膝成左拐步。同時，兩拳變掌由腰間擺向身體左側，右掌在上，左掌在下

圖 95-3　　　　　　　圖 95-4　　　　　　　圖 95-5

成左側蝴蝶掌。目視左側（圖95-2）。

②右腳由後向左前上步，腳尖外擺，兩腿屈膝成右拐步。同時，兩掌由左經體前擺至右側，左掌在上，右掌在下成右側蝴蝶掌。目視右側（圖95-3）。

③左腳由後向左前上步，兩膝彎曲成半馬步。右腿蹬地挺膝，左腿屈膝成左弓步。兩掌向左前方推出，左掌指尖朝上，右掌指尖朝下。目視兩掌（圖95-4、5）。

【要點】

重心平穩，步速逐漸加快，疊掌時手指盡量後伸，掌根用力前頂。

【攻防含義、易犯錯誤及糾正方法】

參考基本掌法中的左右拐步盤手雙推掌。

2.右弓步架沖拳

①右腳向右前方上步。兩腿屈膝成半馬步。同時，兩

圖 95-6

圖 95-7

掌變拳收至左腰側，拳心朝上。目視右拳（圖 95-6）。

②左腿挺膝伸直成右弓步。同時，左拳向前沖出，拳眼朝上，高與肩平；右拳經臉前架於頭上方，拳眼朝下。目視左拳（圖 95-7）。

【要點】

右腳上步要沉實穩重，閉氣蓄勁，沖拳力發於腳、傳於腰、達於手，用勁順達。架拳要臂內旋，呈弧形。

【攻防含義】

此勢為攻防連招，設對方以手法攻擊頭部，右拳即上架防守，左沖拳反擊其胸。

【易犯錯誤】

半馬步重心過於前移，右臂前伸，直臂。

【糾正方法】

體會上步變半馬步的要點，然後請同伴幫助做劈拳，糾正架拳的路線和方法。

圖 95-8

圖 95-9

3.拖步撞拳

①左腳向前上步，兩膝微屈。同時，左拳變掌經下向前撩起，掌心朝前；右拳直臂下落於身體右側，拳心朝下。目視左掌（圖 95-8）。

②上動不停。右腳向前上一大步，右腿微屈，左腳向前拖一小步。同時，右拳由後經下向前上撞擊，拳面朝上，拳心朝裡，略高於肩；左掌收附於右前臂內側。目視右拳（圖 95-9）。

【要點】

動作連貫；上步迅速；撞拳發力於腰；手腕微內扣。

【攻防含義】

在追擊中以左撩掌防守對方的進攻，右撞拳擊其腹部。

【易犯錯誤】

撞拳時發力不明顯，右腕未內扣。

【糾正方法】

圖 95-10 　　　　　　　　圖 95-11

原地練習撞拳，體會發力和改正手型。

4.插步鞭拳

①右腳向前稍活步後再向內扣，身體左轉。同時，左掌右拳向左平擺，左掌心朝前，右拳眼朝上。目視左掌（圖95-10）。

②上動不停。左腳向右腿後插步，腳前掌著地；右腿屈膝。同時，右拳向右鞭撻，臂與肩平，拳眼朝上，力達拳背；左掌平擺至右胸前，掌心朝右，掌指朝上。目視右拳（圖95-11）。

【要點、攻防含義、易犯錯誤及糾正方法】

參考基本拳法中的左右插步鞭拳。

5.左弓步掛蓋拳

以左腳掌、右腳跟為軸，身體向左後轉約 270°，左腿屈膝，右腿挺膝伸直成左弓上。同時，左掌變拳隨體轉經下向

圖 95-12   圖 95-13

上立圓掄掛至左側，拳心朝下；右拳隨體轉經下向上立圓掄蓋至體前，拳心斜朝裡。目視右掌（圖95-12）。

【要點】

轉體應快速，掛蓋成立圓，弓步時要前腳踩、後腳蹬，掙胯含胸。

【攻防含義、易犯錯誤及糾正方法】

參考基本拳法中的左右弓步蓋拳。

6.馬步側沖拳

①右腳向前上半步，腳尖點地。同時，左拳變掌由後經下與右拳交叉上架至頭上方，左掌在裡。目視前方（圖95-13）。

②右腳向前上半步，腳尖內扣，同時，身體左轉，兩腿屈膝成馬步。右拳由上經腰間向右側沖出，拳眼朝上，臂與肩平，力達拳面；左掌由上經腰間向前附立於右前臂內側，掌指朝上。目視右拳（圖95-14）。

圖 95-14

左腳向右腳併攏，兩拳收回腰間成併步抱拳。

【要點】

右腳點地與兩臂上架一致，馬步與沖拳一致，動作應連貫。

【攻防含義】

設對方攻擊我胸部，我即以兩臂上架防守，並以右側沖拳反擊其肋。

【易犯錯誤】

①馬步呈「外八字」。

②側沖拳出現「撩拳」。

【糾正方法】

①專門練習由虛步變馬步，注意右腳尖內扣，腳外緣用力。

②用慢速度練習側沖拳，細心體會拳面領先、以肘催手的要點。

南拳入門與精進

初段位套路（拳術）

（中國國家體育總局武術管理中心審定的
初段位拳術規定考評技術）

一、「一段」南拳套路詳解

動作名稱

預備勢

第一段

1.虛步沖拳推掌

2.虛步抱拳

3.左弓步側沖拳

4.馬步連環掌

5.馬步雙推指

6.右弓步蝶掌

7.左弓步沖拳

8.馬步沖拳

第二段

9.回身半馬步截橋

10.右弓步沖拳

11.左虛步穿橋

12.馬步沖拳

13.轉身馬步劈拳

14.回身弓步雙推掌

15.虛步沖拳推掌

16.虛步抱拳

收勢

圖 96   圖 97

動作說明

預備勢

①兩腳併步直腿站立；兩掌直臂貼靠於兩腿外側；目
視前方（圖96）。

②兩腿不動，兩掌握拳提抱於腰間，拳心朝上；目視
前方（圖97）。

【要點】

挺胸、收腹、斂臀，提神降氣。

第一段

1.虛步沖拳推掌

①右腳向右前上步，腳尖外展，膝微屈；同時腰微右
轉，右拳提至右胸前，拳心朝下；左掌弧形向上擺至右胸
前，掌指朝上，掌心與右拳面相對；目視右拳（圖98）。

圖 98　　　　　　　　　　　圖 99

②左腳向前上半步，腳尖點地成左虛步；同時腰微左轉，右拳與左掌向前沖拳、推掌，兩臂伸直與肩同高、同寬，左掌心與右拳面均朝前；目視前方（圖99）。

【要點】

右腳與左腳上步時重心下沉，虛實分明，沖拳、推掌發力於腰，眼隨手動。

【攻防含義】

沖拳推掌主要用於攻擊對方的胸部以上部位。

【易犯錯誤】

虛實不分明，軀幹有傾突臀。

【糾正方法】

請同伴幫助或側面對鏡子檢查糾正錯誤動作，體會正確動作的本體感覺。

圖 100　　　　　　　　　　圖 101

2.虛步抱拳

①步不動，左掌變拳，兩拳隨屈肘拉至左側胸前，拳面相對；同時腰微右轉，目視兩拳（圖 100）。

②步仍不動，兩臂外旋，兩拳經上向前反臂掛收於腰間，拳心朝上；目視前方（圖 101）。

【要點】

虛步穩固，以腰帶臂，眼隨手動。

【攻防含義】

兩臂反掛主要用於攻擊對方的頭部。

【易犯錯誤】

重心不穩，雙臂的運行幅度過大。

【糾正方法】

多站虛步椿，多強調臂的運行路線。

圖 102　　　　　　　　圖 103

3.左弓步側沖拳

①左腳向左側開步，兩腿屈膝半蹲成半馬步；同時腰微右轉，右拳變掌由左側經面前蓋至右胸前，掌心朝右；目視左掌（圖102）。

②右腳蹬地，右腿內轉挺膝伸直成左弓步；同時，腰微左轉，右拳向右側沖出，拳眼朝上，臂與肩平；左掌變拳收至腰間，拳心朝上；目視右拳；同時發聲「嗨」（圖103）。

【要點】

半馬步蓋掌為蓄勁，腰微右轉，重心略偏於右腿；弓步沖拳時注重蹬腳、扣膝、合胯、轉腰、爆發性用勁。

【攻防含義】

側面攻擊對方肋部。

圖 104　　　　　圖 104 附圖　　　　　圖 105

【易犯錯誤】

半馬步蓄勁不突出，弓步側沖拳時由下至上發力不明顯。

【糾正方法】

反覆練習由併步變半馬步轉弓步，強調蓄勁和發勁的要領。

4.馬步連環掌

①右腳向後踏一小步，雙腿屈膝成馬步；同時腰微左轉，右拳變掌收至左腰側，置於左掌之上，兩掌心均朝上；目視右掌（圖 104 及附圖）。

②馬步不動，兩掌以小指側為力點同時向前攻出，右掌與胸同高，左掌與腹同高，掌心均朝下，雙臂微屈；目視右掌（圖 105）。

【要點】

馬步沉穩，發力於腰。

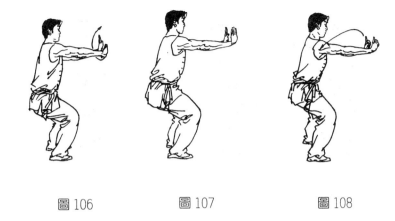

| 圖 106 | 圖 107 | 圖 108 |

【攻防含義】

上手攻擊對方胸部，下手防護襠部，即謂之連環掌。

【易犯錯誤】

腰部發力不明顯，雙臂太直。

【糾正方法】

重點體會以腰發力的技巧，同時強調雙臂的外型。

5.馬步雙推指

①馬步不動，左掌由下經右臂內側弧形挑向左肩前，掌指朝上，肘下沉；目視左掌（圖106）。

②右掌經外向下沿左臂內側弧形挑至右肩前，掌指朝上，肘下沉；兩臂與肩同高、同寬；目視前方（圖107）。

③步仍不動，兩掌變單指手，翹指坐腕，手心朝前；目視前方（圖108）。

④兩臂屈肘，兩指挑至兩肩上，兩手心斜朝上，兩肘正對前方；目視右肘（圖109）。

圖 109　　　　　　　圖 110　　　　　　　圖 111

　　⑤兩肘下沉，兩指收至腰側，手心斜朝前下方；目視
左指（圖110）。

　　⑥馬步仍不動，兩指用勁慢慢向前推出，臂與肩平，
沉肘坐腕翹指；目視前方（圖111）。

　　【要點】
　　馬步沉穩，兩臂剛勁有力，手法清晰。
　　【攻防含義】
　　兩掌弧形穿挑，實為抓腕解脫；推指時以增強臂部（橋
手）的肌肉力量。
　　【易犯錯誤】
　　手型不準確，兩臂缺乏剛勁，上體晃動。
　　【糾正方法】
　　①平時多做單指手，注重外型規格。
　　②練時馬步推指時強調上體不晃動，兩臂極度緊張用
力推指。

圖 112　　　　　　　　圖 112 附圖

6.右弓步蝶掌

①右腳向前上步，雙腿屈膝半蹲，重心偏於左腿成半馬步；同時腰微左轉，兩指變掌隨屈肘收於左腰側，右掌在上，掌心朝左；左掌在下，掌心朝前成左側蝴蝶掌；目視右前方（圖 112 及附圖）。

②左腳蹬地，左腿內轉挺膝成右弓步；同時腰微右轉，兩掌向前推出，右掌在上，掌指朝上；左掌在下，掌指朝下，兩掌相距約 20～30 公分；目視前方（圖 113）。

【要點】

右腳上步沉穩，蝶掌時力發於根。

圖 113

圖114　　　　　　　　　圖115

【攻防含義】

正面攻擊對方的胸腹部。

【易犯錯誤】

要腿用力不足，雙臂太直，翹指伸腕不充分。

【糾正方法】

①多做半馬步轉右弓步，強調腰腿用力。

②靜止蝶掌體會雙臂和兩掌的本體感覺。

7.左弓步沖拳

①左腳向前上步，雙腿屈膝半蹲，重心偏於右腿成半馬步；同時腰微右轉，右掌變拳收於腰間，拳心朝上；左掌略經外弧形扣握於左側變拳心朝下，拳眼斜朝裡；目視左拳（圖114）。

②右腳蹬地，右腿內轉挺膝伸直成左弓步；同時腰微左轉，右拳直線向前沖出，臂與肩平，拳心朝下；左拳收抱於腰間，拳心朝上；目視前方（圖115）。

【要點】

左腳上步沉穩，半馬步時轉腰、閉氣蓄勁，沖拳時力起於根（右腳），爆發性用勁。

【攻防含義】

左腳上步、左手扣握用於防守對方的拳法進攻後繼而以右沖拳反擊其胸腹部。

【易犯錯誤】

手法不清楚，發勁時腰腿的發力不明顯。

圖 116

【糾正方法】

分解體會手法的攻防含義和半馬步轉左弓步沖拳的發力特點。

8.馬步沖拳

右腳微外轉，右腿屈膝成馬步；同時腰微右轉，左拳從腰間隨轉體向左側沖出，拳眼朝上，臂與肩平；右拳收抱於腰間，拳心朝上；目視左拳（圖116）。

【要點】

轉腰、沖拳與收拳要一致，力發於腰。

【攻防含義】

左沖拳攻擊對方肋部。

【易犯錯誤】

左臂翻肘撩拳，沖拳與轉體不一致。

圖 117　　　　　　　　　　　　圖 118

【糾正方法】

請同伴幫助控制肘部不要外翻，強調拳面領先側沖，反覆練習沖拳後再配合轉體。

第二段

9.回身半馬步截橋

右腳向右後移動半步，兩腿屈膝半蹲，重心偏於左腿成半馬步；同時腰向右轉約 45°，右拳從腰間隨屈臂提起經胸前向右側截劈，拳心朝下與膝同高，力達前臂尺骨側（小指一側）；左拳收抱於腰間，拳心朝上；目視右拳（圖 117）。

【要點】

移步與轉體、截橋一致，右臂的運行幅度宜小。

【攻防含義】

轉身截橋以防守對方的腿法進攻。

【易犯錯誤】

截橋時右臂擺幅太大。

【糾正方法】

強調防守效果，也可面
對鏡子改正動作。

圖 119

10.右弓步沖拳

左腳蹬地，左腿內轉挺
膝伸直成右弓步；同時左拳
從腰間直線向前沖拳，拳心
朝下，臂與肩平；右拳收抱於腰間，拳心朝上；目視左拳
（圖 118）。

【要點】

注重左腿的蹬轉，力發於根，爆發性用勁。

【攻防含義】

以左沖拳攻擊對方的軀幹部位。

【易犯錯誤】

沖拳發力不順達，左腿蹬轉不明顯。

【糾正方法】

多練習由半馬步轉右弓步沖拳，重點體會由下至上的發
力順序。

11.左虛步穿橋

左腳向前上步，腳尖著地成左虛步；同時右拳變掌沿左
臂下向前穿出，掌心由向下變斜向前，掌指朝右，右肘微屈
下沉；左拳收抱於腰間，拳心朝上；目視右拳（圖 119）。

【要點】

上步、穿橋與左拳回收要一致，右掌以掌指為力點，掌心朝下向前穿出，穿出後掌指盡量後伸，沉肩垂肘。

【攻防含義】

假設左腕被對方抓握，即以右穿橋解脫。

【易犯錯誤】

①右穿橋未經左臂下穿出。

②虛步時歪胯。

【糾正方法】

①原地練習穿橋。

②請同伴提醒或面對著鏡子糾正歪胯的錯誤。

12.馬步沖拳

左腳向前上半步，腳尖內扣，兩腿屈膝半蹲成馬步；同時腰向右轉 180°，左拳從腰間隨體轉向左側沖出，拳眼朝上，臂與肩平；右掌隨屈肘收至左胸前，掌指朝上，掌心朝左；目視左拳（圖 120）。

【要點】

左腳上步扣腳轉腰變馬步時與左沖拳一致，力發於腰。

【攻防含義】

緊接上動穿橋解脫之後，即以左沖拳反擊對方肋部。

【易犯錯誤】

①腳尖外撇成「外八字」。

②沖拳時出現「撩拳」的動作。

【糾正方法】

①專門練習由虛步轉馬步，重點體會腳跟外蹬的要

圖 120 圖 121

點。

②原地練習左右側沖拳，強調拳面領先，肘勿先動。

13.轉身馬步劈拳

身體向右後轉約 180°；同時右腳隨體轉向右後撤步，兩腿屈膝成馬步；右掌變拳由胸前隨體轉向右側劈拳，臂與肩平，拳心朝下，力達拳輪；左拳隨屈肘收至腰間，拳心朝上；目視右拳（圖 121）。

【要點】

轉體時重心落於左腿，以轉頭轉體帶動右拳。

【攻防含義】

突然右後轉身以右劈拳攻擊對方背部。

【易犯錯誤】

轉體的速度慢、幅度不夠。

【糾正方法】

強調轉體時右腿後擺與轉頭要用力，反覆強化轉體的度

圖 122　　　　　　　　　圖 123

數。

14.回身弓步雙推掌

①左腳略向裡踏步，兩腿屈膝，重心偏於右側成半馬步；同時兩拳變掌收抱於右腰側成蝴蝶掌；目視左側（圖122）。

②左腳蹬地，右腿內轉挺膝伸直成左弓步；同時腰微左轉，兩掌向前平推，兩臂與肩同高、同寬，翹指坐腕，力達兩掌小指側；目視前方；同時發聲「嗨」（圖123）。

【要點】

半馬步時為蓄勁，腰微右轉，推掌時力起於右腳跟、傳於腰、達於手。

【攻防含義】

回身以雙推掌攻擊對方的胸腹部。

【易犯錯誤】

身體過早向左移，右腿蹬轉發力不明顯。

圖 124   圖 125

【糾正方法】

　　強調半馬步時重心右移，腰微右轉，右腳蹬地由下至上的發力順序，反覆練習由半馬步轉弓步推掌。

15.虛步沖拳推掌

　　①右腳向右前上一步，膝微屈；同時腰微右轉，右掌變拳收抱於腰間，拳心朝上；左掌弧形擺按至右胸前，掌指朝上，掌心朝右；目視左掌（圖124）。

　　②左腳向左前上步，腳尖點地成左虛步，同時腰微左轉，右拳、左掌隨體轉向正前方沖拳推掌，兩臂與肩同高、同寬，右拳心朝下，左掌指朝上；目視前方（圖125）。

【要點】

虛實分明，手法乾脆。

【攻防含義】

以沖拳推掌攻擊對方的胸部。

圖 126　　　　　　圖 127　　　　　　圖 128

【易犯錯誤】

兩臂不成水平或突臀。

【糾正方法】

面對鏡子做虛步沖拳推掌，檢查動作規格，注意收腹斂臀。

16.虛步抱拳

①步不動，腰微右轉，右掌變拳與右拳隨屈肘擺至右側胸前，兩拳心朝下，拳面相對；目視兩拳（圖 126）。

②兩臂外旋，兩拳經上向前、向下反臂掛收至腰間，拳心朝上；目視正前方（圖 127）。

【要點】

以腰帶臂，眼隨手動。

【攻防含義】

反臂掛拳擊打對方頭部。

【易犯錯誤】

反臂掛拳擺動幅度過大。

【糾正方法】

面對鏡子練習反臂掛收，強調正確的幅度。

收　勢

左腳向右腳併步，兩腿伸直；同時兩拳變掌垂於體側；目視前方（圖 128）。

【要點】

挺膝、夾腿、立腰、提神降氣。

二、「二段」南拳套路詳解

動作名稱

預備勢
第一段
1.虛步沖拳推掌
2.虛步抱拳
3.馬步雙沖拳
4.馬步挑掌沉橋
5.馬步雙推指
6.馬步標掌沉橋
7.左騎龍步雙推掌
8.右騎龍步雙推掌
9.獨立步左蹬腳
10.跪步推爪
11.右虛步穿橋
12.馬步側沖拳

第二段
13.回身半馬步劈橋
14.左弓步沖拳
15.獨立步右蹬腳
16.右弓步架橋
17.左弓步掛蓋拳
18.騎龍步撞拳
19.虛步切掌
20.馬步撐掌
21.回身馬步左右拋拳
22.左弓步抓面爪
23.虛步沖拳推掌
24.虛步抱拳

收勢

圖 129

圖 130

動作說明

預備勢

①兩腳併步直腿站立；兩掌直臂貼靠於兩腿外側；目視前方（圖 129）。

②兩腿不動，兩掌握拳提抱於腰間，拳心朝上；目視前方（圖 130）。

【要點】

挺胸、收腹、斂臀、提神降氣。

第一段

1.虛步沖拳推掌

①右腳向右前方上步，腳尖外展，膝微屈；同時腰微右轉，右拳提至右胸前，拳心朝下；左拳變掌弧形向上擺至

圖 131   圖 132

右胸前，掌指朝上，掌心與右拳面相對；目視右拳（圖
131）。

　　②左腳向前上半步，腳尖點地成左虛步；同時腰微左
轉，右拳與左掌向前沖拳推掌，兩臂伸直與肩同高、同寬，
左掌心與右拳面均朝前；目視前方（圖132）。

　　【要點】

　　右腳與左腳上步時重心下沉，虛實分明，沖拳、推掌發
力於腰，眼隨手動。

　　【攻防含義】

　　沖拳推掌主要用於攻擊對方的腹部以上部位。

　　【易犯錯誤】

　　虛實不分明，軀幹前傾，突臀。

　　【糾正方法】

　　請同伴幫助或側面對鏡子檢查糾正錯誤動作，體會正確
動作的本體感覺。

圖 133　　　　　　　　圖 134

2.虛步抱拳

①步不動，腰微右轉；同時左掌變拳，兩拳隨屈肘拉至右側胸前，拳面相對；目視兩拳（圖 133）。

②步仍不動，腰微左轉；同時兩臂外旋，兩拳經上向前反臂掛收於腰間，拳心朝上；目視前方（圖 134）。

【要點】

虛步穩固，以腰帶臂，眼隨手動。

【攻防含義】

兩臂反掛主要用於攻擊對方頭部。

【易犯錯誤】

重心不穩，雙臂運行的幅度過大。

【糾正方法】

多站虛步樁，強調兩臂的運行路線和攻防含義。

圖 135　　　　　　圖 136　　　　　　圖 137

3.馬步雙沖拳

①右腿屈膝支撐體重，左腳由前經右腳內側弧形向左開步；雙腿屈膝半蹲；目視左腳（圖 135）。

②身體重心移至左腿；右腳由右側經左腳內側向前再向右側弧形開步，雙腿屈膝半蹲成馬步；目視前方（圖 136）。

③馬步不動，兩拳直線向前沖出，拳心朝下，雙臂與肩同高、同寬；目視前方，同時發聲「嗨」（圖 137）。

【要點】

左右腳向左右開步時要重心平穩，腳全掌著地弧形開步；沖拳時腰先微左（或右）轉，以腰發力為主。

【攻防含義】

雙沖拳正面攻擊對方胸部。

【易犯錯誤】

①左右開步時上體前傾、突臀。

圖 138

圖 139

②雙沖拳時先翻肘、出現撩拳。

【糾正方法】

①開步時強調上體中正、斂臀。

②沖拳時強調拳面領先，肘勿先動。

4.馬步挑掌沉橋

①馬步不動，兩拳變掌隨屈臂經下向裡分挑至兩肩前，沉肩垂肘，兩掌心朝裡，掌指朝上與眼眉同高；目視前方（圖 138）。

②馬步仍不動，兩前臂內旋下沉與腹高同高，兩掌心朝下，掌指微外展；目視兩掌（圖 139）。

【要點】

馬步沉穩中正，挑掌和沉橋均以肘關節為軸，夾腋沉肘，動作幅度宜小。

【攻防含義】

挑掌為防守對方攻擊胸部，沉橋為防守對方攻擊腹部或

圖 140 圖 141

襠部。

【易犯錯誤】

①馬步上體前傾，突臀。

②挑掌和沉橋時兩肘外翻。

【糾正方法】

①多做馬步樁，強調收腹斂臀，上體中正，也可請同伴幫助糾正錯誤的外型，體會斂臀的要領。

②強調雙肘下垂，夾腋，前臂運行幅度要小。

5.馬步雙推指

①兩掌變單指手收至腰間，掌心朝下；目視左側（圖140）。

②兩臂極度緊張用力，兩指慢慢向前推出，翹指坐腕，手心朝前，兩臂與肩同高、同寬；目視前方（圖141）。

【要點】

圖 142

圖 143

馬步沉穩項直，兩臂剛勁有力，推指時先盡量慢速，當兩臂將伸直時迅速快推。

【攻防含義】

單指手主要練習提高臀部的力量。

【易犯錯誤】

①馬步時上體不中正，晃動，頸部歪斜。

②推指時雙臂鬆懈，剛勁不足，鬆指鬆腕。

【糾正方法】

面對鏡子或請同伴幫助，按照馬步推指的技術要領反覆練習。

6.馬步標掌沉橋

①馬步不動，兩臂屈肘，兩指挑至肩上，掌心斜朝裡，肘正對前方；目視右肘（圖 142）。

②兩肘下沉，兩指變掌收至腰間，掌心朝裡，掌指朝前；目視右掌（圖 143）。

圖144　　　　　　　　　　圖145

　③兩掌快速向前標出，拇指朝上，掌心相對，兩臂與肩同高、同寬；目視兩掌（圖144）。

　④兩前臂快速下沉，垂肘翹指；目視前方（圖145）。

　【要點】

　連續4個分解動作，馬步均保持沉穩，上體勿前傾後仰；標掌要快速有爆發勁，沉橋時用勁短促，力達前臂尺骨側。

　【攻防含義】

　標掌以攻擊對方正面腹部，沉橋以防守對方攻擊腹部。

　【易犯錯誤】

　①標掌時手腕鬆懈，力點未達指尖。

　②沉橋時只做挑掌，力點不準。

　【糾正方法】

　①反覆練習標掌，強調伸指直腕用勁。

　②沉橋時強調前臂快速下沉。

圖146   圖147

7.左騎龍步雙推掌

①左腳向左前上步，腳尖朝左，兩腿屈膝半蹲，重心偏於右腿成半馬步；同時腰微右轉，兩掌隨屈肘收抱於右側成蝴蝶掌；目視左側（圖146）。

②右腳內轉並略向前跟進，屈膝下沉成左騎龍步；同時腰微左轉，兩掌向前平推，兩肘微屈；左掌心朝下，右掌心朝上，掌指均朝右，小指側成一橫線，高與胸平；目視兩掌（圖147）。

【要點】

半馬步蓄勁，腰微右轉；雙推掌時，左臂成半圓，右肘下沉，發力於腰。

【攻防含義】

以雙推掌攻擊對方的肋部或腹部。

【易犯錯誤】

兩掌一前一後，兩小指側不在一條橫線上。

圖148

圖149

【糾正方法】

按照規格和要點，做靜止的定勢動作，強化體會正確姿勢。

8.右騎龍步雙推掌

①右腳向右前上步，腳尖朝右，兩腿屈膝半蹲，重心偏於左腿成半馬步；同時腰微左轉，兩掌收抱於左側成蝴蝶掌；目視右側（圖148）。

②左腳內轉並略向前跟進，屈膝下沉成右騎龍步；同時腰微右轉，兩掌向右前平推，兩肘微屈，右掌心朝下，左掌心朝上，掌指均朝左，小指側成一橫線，高與胸平；目視兩掌（圖149）。

【要點】

半馬步蓄勁，腰微左轉；雙推掌時，左臂成半圓，左肘下沉，發力於腰。

【攻防含義、易犯錯誤和糾正方法】

圖 150　　　　　　　　圖 151

參考第 7 動。

9.獨立步左蹬腳

①右腳略向裡活步，右腿屈膝，左腳跟離地；同時腰微左轉，兩掌變虎爪經上交叉（左手在外）分擺至兩則，手心朝外，腕與肩同高；目視前方（圖 150）。

②右腿伸直獨立支撐，左腿屈膝抬起，以腳跟為力點向前蹬出，挺膝勾腳，腿高於胯；目視前方（圖 151）。

【要點】

支撐腿挺膝、收髖，五趾抓地，蹬腳屈伸明顯，發力快脆。

【攻防含義】

兩虎爪經上向兩側分開即為防守對方攻擊頭部，然後緊接以蹬腿攻擊對方的胸腹部。

【易犯錯誤】

蹬腿時屈伸不明顯。

圖152　　　　　　　　圖153

【糾正方法】

先屈膝再蹬腿，先低蹬腿逐漸過渡高蹬腿。先強調由屈到伸，再強調動作連貫。

10.跪步推爪

①左腳向前落步，雙腿屈膝，重心偏於右腿成半馬步；同時腰微右轉，右虎爪收至腰間，手心朝下；左虎爪由左側弧形擺按至體前，手心朝前，臂與肩平；目視左手（圖152）。

②右腿向前跟進半步，雙腿屈膝下蹲成跪步；同時右虎爪直線向前推出，臂與肩平，手心朝前；左虎爪收至右肘下內側，手心朝右；目視右虎爪（圖153）。

【要點】

左腳落步與左虎爪下按一致，推右爪時發力於腰。

【攻防含義】

左虎爪下按為防守對方的進攻，以右虎爪推擊對方的面

部。

①手法不清楚。

②跪步不穩固。

【糾正方法】

①按照攻防的含義糾正手法清楚的錯誤。

②跪步時右膝略向外展，以加強穩定性。

圖 154

11.右虛步穿橋

右腳向前上步，腳尖點地成右虛步；同時右虎爪變拳，拳心朝上；左虎爪變掌，掌心朝下沿右臂下向前穿出後變掌心朝前；右掌收至腰間，拳心朝上；目視左掌（圖154）。

【要點】

穿橋時左臂先內旋後外旋，腰先微左轉後右轉，擰腰旋臂。

【攻防含義】

假設右腕被對方抓握，即以左穿橋解脫。

【易犯錯誤】

①左穿橋未經右臂下穿出。

②虛步時歪胯。

【糾正方法】

①原地練習穿橋，強調穿橋方法。

②請同伴提醒或對著鏡子糾正歪胯的錯誤。

12.馬步側沖拳

右腳向前上半步，腳尖內扣，雙腿屈膝半蹲成馬步；同時腰向左轉約 90°，右拳隨體轉向右側沖出，拳眼朝上，臂與肩平；左掌隨屈肘收至右胸前，掌心朝右，掌指朝上；目視右拳（圖155）。

圖155

【要點】

右腳向前上步與轉體和沖拳要一致，沖拳發力於腰。

【攻防含義】

繼上動後以右沖拳攻擊對方肋部。

【易犯錯誤】

肘關節先動而出現撩拳。

【糾正方法】

原地練習左右側沖拳，強調拳面領先，肘關節勿先動。

第二段

13.回身半馬步劈橋

左腳向左側稍活步變腳尖朝左，雙腿屈膝，重心偏於右腿成半馬步；同時腰微左轉，左掌變拳，左臂內旋以前臂尺骨側（小指側）為力點向左斜下劈出，左拳心朝下與胯同高；右拳收回腰間，拳心朝上；目視左拳（圖156）。

圖 156

圖 157

【要點】

回身活步時，重心控制在右側，沉重穩固。

【攻防含義】

假設對手以腿法向左側踢來，迅速以左劈橋防守。

【易犯錯誤】

重心偏左側，劈橋與轉頭、左視不一致。

【糾正方法】

練習時強調左腳活步時要保持重心不向左移，或請同伴幫助穩固重心不移動。

14.左弓步沖拳

右腳蹬地，右腿內轉挺膝伸直成左弓步；同時右拳向前沖出，拳心朝下，臂與肩平，左拳收回腰間，拳心朝上；目視右拳（圖157）。

【要點】

沖拳要充分借助於右腿的蹬地、扣膝、轉胯、轉腰的力量。

圖 158   圖 159

【攻防含義】

以右沖拳正面攻擊對手的胸部或面部。

【易犯錯誤】

發力不明顯,右手翻肘撩拳。

【糾正方法】

①先原地練習右沖拳,強調以拳面領先,上臂催前臂,改正先翻肘的錯誤。

②結合半馬步沖拳,體會發力的順序和技巧。

15.獨立步右蹬腳

①左腳稍向內活步,全腳掌著地;右腳跟離地稍向前跟進,雙膝微屈;同時兩拳變虎爪,左虎爪經右臂下穿出後與右虎爪分擺至兩側,掌心朝外,臂與肩平;目視前方(圖158)。

②左腿直立支撐,右腿屈膝上抬後再向前蹬出,挺膝勾腳,力達腳跟;目視前方(圖159)。

圖160　　　　　　　　　　　圖161

【要點、攻防含義、易犯錯誤及糾正方法】

參考第9動。

16.右弓步架橋

①右腳落地，腳尖朝右，雙腿屈膝，重心偏於左側成半馬步；同時腰微左轉，兩虎爪變掌回收至左腰側，右上左下，手心均朝上；目視右掌（圖160）。

②左腳蹬地，左腿內轉挺膝伸直成右弓步；同時腰微右轉，兩臂經上分架於頭的斜上方，掌心朝上，臂呈弧形；目視前方（圖161）。

【要點】

右腳落步稍偏右斜前方，半馬步時轉腰蓄勁，架橋時發力於左腿的蹬轉。

【攻防含義】

假設對手向頭部劈打，迅速以雙架橋防守。

圖162   圖163

【易犯錯誤】

兩臂左右側分架太寬。

【糾正方法】

正確理解此動作的攻防含義，並面對鏡子按要求做靜止定勢，建立正確的本體感覺。

17.左弓步掛蓋拳

①左腳向前上步，腳尖朝左，兩腿屈膝；同時腰微右轉，兩掌變拳，右拳直臂經下擺至右側斜下方，拳心朝下；左臂內旋，左拳經下掛至體前，拳心斜朝下；目視左拳（圖162）。

②右腳尖內扣，右腿內轉挺膝伸直成左弓步；同時腰微左轉，右拳經上蓋至體前下方，拳心斜朝內；左拳隨臂外旋經上向下反掛至左後側，拳心朝下；目視右拳（圖163）。

【要點】

左腳上步時微向右轉腰，掛蓋拳以腰帶臂，發力於腰

腿，幅度宜大，完成弓步蓋拳
時，四肢對稱用力，重心平
穩。

【攻防含義】

左臂內旋，左拳下掛為防
守對方的腿法進攻，右拳下蓋
為攻擊對方的頭部。

【易犯錯誤】

雙壁掛蓋方法不清楚，腰
背發力不明顯。

圖164

【糾正方法】

請同伴幫助，重點體會掛蓋的攻防含義，反覆練習掛蓋
拳，體會以腰背發力為主的技巧。

18.騎龍步撞拳

右腳向前上步，屈膝半蹲，左腿屈膝下跪成騎龍步；同
時右拳向上、向後經下向前上弧形抄撞至體前，拳心朝裡，
拳面朝上，與胸部同高；左拳變掌由後經下擺至體前，附於
右前臂；目視右拳（圖164）。

【要點】

右拳先動，弧形抄撞，上右步與撞拳一致，眼隨右拳環
視。

【攻防含義】

右拳由下向上抄撞為攻擊對手的胸部或下頜。

【易犯錯誤】

右拳抄撞與右腳上步不一致，重心不穩。

【糾正方法】

強調右拳先動於右腳，注意左膝微外展，以穩固身體重心。

19.虛步切掌

身體重心後移，右腳向後撤回半步，腳尖點地成右虛步；同時左掌沿右前臂向前橫掌切出，掌指朝右，掌心斜向前下方；右拳變掌隨右臂內旋拉回右胸前，掌心朝下；目視左掌（圖165）。

【要點】

左腳回收，腰微右轉，右掌回拉與左掌前切用力方向相反，動作協調一致。

【攻防含義】

接上動，假設右腕被對方抓握後，以左掌前切、右掌回拉的方法達到解脫的目的。

【易犯錯誤】

左右掌前後用力不協調，上體歪斜。

【糾正方法】

面對鏡子，檢查體會正確的動作姿勢後以慢速反覆練習切掌，提高動作的協調性。

20.馬步撐掌

右腳向前上半步，腳尖內扣，兩腿屈膝半蹲成馬步；同時腰微左轉約90°，右掌　體轉向右側斜下　掌切出，掌心斜朝下，掌指朝體前；左掌回收至右肩前，掌心朝右；目視右掌（圖166）。

圖165   圖166

【要點】

切掌時右臂內旋，發力於腰。

【攻防含義】

繼上動，以右掌攻擊對手的肋部。

【易犯錯　】

兩腳「外八字」，馬步與切掌用力不整。

【糾正方法】

①專門由虛步變馬步，注重腳尖內扣，糾正馬步「外八字」的錯誤。

②反覆體會馬步撐掌時上下用力的完整性，即馬步與撐掌要一致。

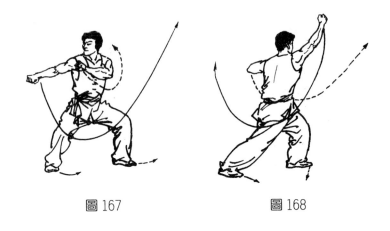

圖 167　　　　　　　圖 168

21.回身弓步左右拋拳

①上體稍向左轉；同時兩掌變拳，拳心斜朝下；目視右拳（圖 167）。

②動作不停，左腳向左後活步，左腿屈膝，右腿內轉稍向前跟進後挺膝成左弓步；同時腰微左轉，右拳由右側隨轉體向右上拋起，拳眼朝後；左拳經下掛擺至左後側舉，拳心朝下；目視前方（圖 168）。

③右腳向右側稍活步，右腿屈膝，左腿內轉稍向前跟進後挺膝成右弓步；同時腰微右轉，左拳由左側隨轉體向左上拋起，拳眼朝後，右拳由上經下掛擺至右後側舉，拳心朝下；目視前方（圖 169）。

【要點】

回身左右拋拳步幅移動宜小，上肢動作幅度宜大，注重以腰帶臂，左右擰轉對稱用力。

【攻防含義】

圖169　　　　　　　　　　　　圖170

假設對方以拳或掌攻擊我頭部或胸部，我則向左或右躲閃。同時以前臂（橋手）由下向斜上格挑對方進攻之手。

【易犯錯誤】

拋拳時兩臂遠離身體，屈肘，前臂後甩。

【糾正方法】

面對鏡子檢查拋拳路線是否正確；也可請同伴做進攻動作，體會防守效果。強調臂要外旋，肘關節不能放鬆。

22.左弓步抓面爪

①左腳向左側上步，腳尖朝左，兩腿屈膝，重心偏於右側成半馬步；同時兩拳變虎爪，右虎爪收於腰間，手心朝上，左虎爪由上弧形向下扣按至左側，手心朝斜下；目視左側（圖170）。

②右腿內轉挺膝伸直成左弓步；同時右虎爪由腰間向前直爪，手與面同高，手心朝前；左虎爪回收至右肘內側下方，手心朝右；目視前方，同時發聲「嗚」（圖171）。

圖 171　　　　　　　　　　圖 172

【要點】

半馬步閉氣蓄勁，腰微右轉，意在左虎爪的扣按（防守之意），右爪前抓時注意右腿的蹬轉，力起於根。

【攻防含義】

半馬步左虎爪下按時為防守對方的拳法進攻，隨即以右虎爪反擊其面部。

【易犯錯誤】

方法不清楚，腿、腰發力不明顯。

加深理解動作的攻防含義，也可做攻防配合練習，反覆體會由半馬步轉弓步的發力順序和技巧。

23.虛步沖拳推掌

①右腳向右前上一小步，膝微屈；同時腰微右轉，右虎爪變拳收至腰間，拳心朝上；左虎爪變掌弧形經上擺至右胸前，掌心朝右，掌指朝上；目視左掌（圖172）。

②左腳向左前上步，腳尖點地成左虛步；同時腰微左

圖 173　　　　　　　　圖 174

轉，右拳、左掌隨體轉向正前方沖拳推掌，兩臂與肩同寬、
同高、右拳心朝下，左掌指朝上；目視前方（圖 173）。

【要點】

虛實分明，手法乾脆。

【攻防含義】

以沖拳、推掌攻擊對方的胸部。

【易犯錯誤】

兩臂不成水平，或突臀。

【糾正方法】

面對鏡子做虛步沖拳推掌，檢查動作規格，注意收腹斂
臂。

24.虛步抱拳

①步不動，腰微右轉，右掌變拳與右拳隨屈肘擺至右
側胸前，兩拳心朝下，拳面相對；目視兩拳（圖 174）。

②兩臂外旋，兩拳經上向前、向下反臂掛收至腰間，

圖 175　　　　　　　　　圖 176

拳心朝上；目視前方（圖 175）。

【要點】

以腰帶臂，眼隨手動。

【攻防含義】

雙臂掛拳擊打對方頭部。

【易犯錯誤】

反臂掛拳動作幅度過大。

【糾正方法】

面對鏡子，反覆練習掛收，強調正確的動作規格。

收　勢

左腳向右腳併步，兩腿伸直；同時兩拳變掌垂於體側；目視前方（圖 176）。

【要點】

挺膝、夾腿、立腰，提神降氣。

南拳入門與精進

三、「三段」南拳套路詳解

動作名稱

預備勢

第一段

1. 虛步沖拳推掌
2. 併步抱拳
3. 左弓步側沖拳
4. 左弓步截橋
5. 弓步圈橋標掌
6. 馬步連環掌
7. 馬步雙推指
8. 馬步標掌沉橋
9. 併步抱拳
10. 左蹬腳
11. 獨立步推指
12. 跪步蓋拳
13. 右弓步架橋
14. 回身掛蓋拳
15. 退步格打
16. 右弓步側沖拳

第二段

17. 勒手左踩腿
18. 騎龍步雙推掌
19. 單蝶步劈橋
20. 左弓步架打
21. 弓步左右拋拳
22. 左弓步側沖拳
23. 虛步鶴嘴手
24. 分掌彈踢
25. 馬步撐掌
26. 騎龍步雙推掌
27. 麒麟步左弓步蝶掌
28. 歇步下沖拳
29. 馬步雙掛拳
30. 跪步雙虎爪
31. 虛步沖拳推掌
32. 併步抱拳

收勢

圖 177　　　　　　　　　　　圖 178

動作說明

預備勢

①兩腳併步直腿站立；兩掌直臂貼靠於兩腿外側；目視前方（圖 177）。

②兩腿不動，兩掌握拳提抱於腰間，拳心朝上；目視前方（圖 178）。

【要點】

挺膝、夾腿、收腹、斂臂、立腰，提神降氣。

第一段

1.虛步沖拳推掌

①右腳向右前上步，腳尖外展，膝微屈；同時腰微右轉，右拳提至右胸前，拳心朝下，左拳變掌經上孤形擺至右

圖179   圖180

胸前，掌指朝上，掌心與右拳面相對；目視右拳（圖
179）。

②左腳向前上半步，腳尖點地成左虛步；同時腰微左
轉，右拳與左掌向前沖拳推拳，兩臂伸直與肩同高、同寬，
左掌心與右拳面均朝前；目視前方（圖180）。

【要點】

右腳與左腳上步時重心下沉，虛實分明，沖拳、推掌發
力於腰，眼隨手動。

【攻防含義】

沖拳與推掌主要用於攻擊對方胸部以上部位。

【易犯錯誤】

虛實不分明，軀幹前傾、突臀。

【糾正方法】

請同伴幫助或側面對鏡子檢查糾正錯誤動作，體會正確
動作的本體感覺。

圖181　　　　　圖182　　　　　圖183

2.併步抱拳

①左腳向左後撤步，雙膝微屈；同時腰微右轉，左掌變拳與右拳回拉至右胸前，拳面相對；目視兩拳（圖181）。

②右腳向右側撤步，雙腿屈膝；同時腰微左轉，兩臂外旋，兩拳經上反臂向前下掛，拳心朝上；目視兩拳（圖182）。

③左腳向右腳併步，兩腿伸直；同時兩拳繼續掛收至腰間，拳心朝上；目視前方（圖183）。

【要點】

左、右腳向左右斜後撤步，上肢手法清晰，動作乾脆，眼隨手動。

【攻防含義】

在撤退之中以兩臂反掛攻擊對方的頭部。

【易犯錯誤】

撤步太向後重心不穩，雙臂與步法配合不協調。

圖184

嗨！

圖185

【糾正方法】

退步時按棱形找步點，並以 1、2、3 拍的分解法強化手法與步法的配合，反覆練習。

3.左弓步側沖拳

①左腳向左側開步，雙腿屈膝，重心偏於右側成半馬步；同時腰微右轉，左拳變掌經體前弧形擺按至右胸前，掌心朝右；目視左掌（圖184）。

②右腳蹬地，右腿內轉挺膝伸直成左弓步；同時腰微左轉，右拳向右側沖出，拳眼朝上，臂與肩平，左掌變拳收至腰間，拳心朝上；目視右拳；同時發聲「嗨」（圖185）。

【要點】

左腳開步時身體重心先下沉，腰微右轉閉氣蓄勁，側沖拳時注重力起於根（右腳）。

【攻防含義】

第一動擺按左掌意在防守對方以拳法攻擊我右胸部，隨

圖 186   圖 187

即以右沖拳還擊其腹部。

【易犯錯誤】

左掌擺按的方法不清晰，半馬步蓄勁不明顯而急於完成弓步沖拳。

【糾正方法】

按 2 個分解動作練習，強調每一拍節要到位並注意規格要點，逐步掌握先頓蓄後發力的特點。

4.左弓步截橋

① 右腿屈膝並微外展；同時腰微右轉，右拳收至腰間，拳眼朝上；目視右拳（圖 186）。

② 右腳蹬地，右腿內轉挺膝伸直成左弓步；同時腰微左轉，右臂外旋，以前臂尺骨側（內側）為力點向右側偏左方向截擊，拳心朝上與肩平；目視右拳（圖 187）。

【要點】

右腿先屈後伸，腰先向右再向左轉，加強右腿的蹬轉和右截橋的發動，右臂邊伸邊外旋。

| 圖 188 | 圖 189 |

【攻防含義】

假設對方以拳法攻擊我胸部，迅速以截橋進行防守。

【易犯錯誤】

①右腿的先屈後伸或發力不充分。

②右截橋做成右沖拳或右格打。

【糾正方法】

①反覆練習由左弓步轉半馬步再轉左弓步，強化體會右腿的蹬轉及由下至上的發力順序。

②配合攻防練習，強調右臂邊伸邊外旋。

5.弓步圈橋標掌

①步不動，右拳變掌，掌心斜朝上；目視右掌（圖188）。

②右腿屈膝並微外展；同時腰微右轉，右掌向下經右向左前弧形畫一圈後收至腰間，掌心朝下；目視右掌（圖189）。

③右腿內轉挺膝伸直成左弓步；同時腰微左轉，右掌

圖 190   圖 191

直線向右側標出，掌心朝下，臂與肩平；目視右掌（圖190）。

【要點】

右圈橋按逆時針方向運行，以腰帶臂，眼隨手動，標掌時發力於腿，傳於腰，達於指尖，發力快脆。

【攻防含義】

圈橋時為防守對方的拳法進攻，隨即以右標掌反擊其肋部或腹部。

【易犯錯誤】

圈橋標掌與腿、腰的配合不協調，用力不順達。

【糾正方法】

採用分解練習法，即按 3 拍或 4 拍的節奏結合手、腰、腿的配合反覆練習，逐步提高動作的熟練程度和連貫性。

6.馬步連環掌

①右腳向後稍踏步，雙腿屈膝半蹲；同時腰微左轉，

圖 191 附圖　　　　　　　　　　圖 192

右掌隨前臂外旋屈肘收至左腰側，左拳變掌置於右掌下，兩掌心均朝上；目視右掌（圖 191 及附圖）。

　　②身體轉正成馬步；同時右掌與左掌分別隨轉腰向正前方攻出，右掌在上與胸同高，左掌在下與腹同高，兩臂成半圓，力達小指側；目視右掌（圖 192）。

　　【要點】

　　右腳踏步時腰向左轉，攻掌時力發於腰，兩臂成圓，收腹、含胸。

　　【攻防含義】

　　連環掌一上一下意在一攻一防，上手為攻下手為防，亦可攻防互換。

　　【易犯錯誤】

　　兩臂太直，腰背發力不突出。

　　【糾正方法】

　　請同伴幫助或面對鏡子，先重點體會腰由左向右（轉正）轉動發力的技巧，反覆練習，強化要點和規格。

圖193   圖194   圖195

7.馬步雙推指

①馬步不動，左掌由下經右臂內側弧形挑向左肩前，掌指朝上，肘下沉；目視左掌（圖193）。

②右掌經外向下沿左臂內側弧形挑至右肩前，掌指朝上，肘下沉；兩臂與肩同高、同寬；目視前方（圖194）。

③步仍不動，兩掌變單指手，翹指坐腕，手心朝前；目視前方（圖195）。

④兩臂屈肘，兩指挑至兩肩上，兩手心斜朝上，兩肘正對前方；目視右肘（圖196）。

⑤兩肘下沉，兩指收至腰側，手心斜朝前下方；目視左指（圖197）。

⑥兩指用勁慢慢向前推出，臂與肩平，沉肘坐腕翹指；目視前方（圖198）。

重複④、⑤、⑥的動作（圖199、200、201）。

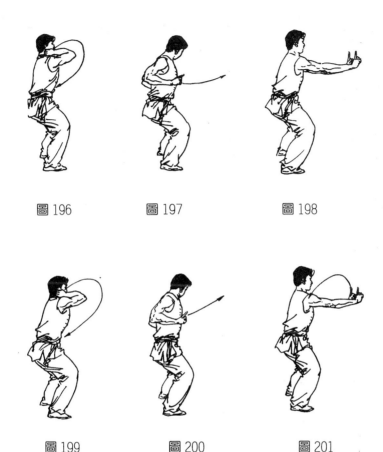

圖196　　　圖197　　　圖198

圖199　　　圖200　　　圖201

【要點】

馬步沉穩，上體中正，兩臂剛勁有力，手法清晰。

【攻防含義】

雙推指的目的是增強臂肌、手指和腕部的力量，提高臂（橋手）的剛硬度，同時也經由推指的方法，體現出南拳剛健的特點。

圖 202　　　　　　圖 203　　　　　　圖 204

【易犯錯誤】

馬步或上體不穩固，晃動，屈臂時兩肘外展。

【糾正方法】

請同伴幫助或面對鏡子反覆體會規格要領，多採用站樁定勢的方法糾正錯誤，必定會取得事半功倍的效果。

8.馬步標掌沉橋

①與第 7 動之④相同（圖 202）。

②與第 7 動之⑤相同，唯兩指變兩掌，掌心朝裡（圖 203）。

③馬步不動，兩掌快速向前標出，掌心相對，臂與肩同高、同寬；目視前方（圖 204）。

④馬步仍不動，以前臂尺骨側為力點快速下沉，變掌指朝上；目視前方（圖 205）。

【要點】

參考第 7 動。

圖 205　　　　　　　圖 206　　　　　　　圖 207

【攻防含義】

標掌意在攻擊對方的腹部。

【易犯錯誤、糾正方法】

參考第 7 動。

9.併步抱拳

①步不動，腰微右轉；同時兩掌變拳隨屈肘收至胸前，拳心朝下；目視兩拳（圖 206）。

②兩腳微蹬地跳起成併步；兩臂外旋，兩拳經上向前反臂掛抱於腰間，拳心朝上；目視前方（圖 207）。

【要點】

兩拳先動，當反臂掛至腹前時，雙腳輕輕蹬地跳起，併步與抱拳一致，顯示出靈巧自如的特點。

【攻防含義】

兩拳反臂向前掛擊意在攻擊對方的頭面部。

圖 208　　　　　　　　　　圖 209

【易犯錯誤】

手、眼、步配合不完整一致。

【糾正方法】

按 2 拍的節奏進行分解練習，強調配合。

10.左蹬腳

①兩腿屈膝，右腳向前上步，腳尖外展，左腳跟離地成拐步；同時腰微右轉；目視左側（圖208）。

②右腿直立支撐，左腿屈膝起，以腳跟為力點向前蹬出，高與腰齊，挺膝勾腳；目視前方（圖209）。

【要點】

兩腿屈膝重心下降時，眼向右環視，右腳上步時腳尖外展向前橫踩；蹬腳時先屈後伸，發力快脆。

【攻防含義】

右腳上步意為下踩對方的腳背，繼而以左蹬腳攻擊對方的腹部。

圖 210

【易犯錯誤】

左蹬腳屈伸不明顯，發力僵硬。

【糾正方法】

專門練習蹬腳，降低蹬腳的高度，強調先屈後伸，動作放鬆，逐步提高質量。

11. 獨立步推指

左腿屈膝，左腳向襠下回收，繃腳；同時左拳變單指手向左腿內側推出，食指翹起，掌心斜朝下；目視左指（圖210）。

【要點】

屈腿、推指與目視要一致。

【攻防含義】

假設對方以腿法向我襠部進攻，即以左推指進行防守。

【易犯錯誤】

手、眼與屈腿不一致。

圖 211　　　　　　　　　圖 212

【糾正方法】

放慢動作練習，反覆體會手眼步的配合。

12.跪步蓋拳

①左腳向前落步，右拳變雙指手直線向前標出，手心朝下，臂與肩平；左指變掌按至右上臂下方，手指朝右；目視右指（圖211）。

②動作不停，左腳用力蹬地，右腿向前上擺起使身體騰空；同時右指變拳直臂經下向後上擺起，左掌直推至體前；目視前方（圖212）。

③左、右腳前後落步，雙腿屈膝下蹲成跪步；同時右拳經上向前直臂蓋至體前，拳心斜朝裡，左掌回收至右肩前，手心朝右；目視右拳（圖213）。

【要點】

動作連貫，身體盡量向前跨躍，跪步時右腿微外展，含胸拔背。

圖 213   圖 214-1   圖 214-2

【攻防含義】

假設向前追擊對方,並以右蓋拳攻擊其後背。

【易犯錯誤】

①跪步不穩。

②右拳掄蓋時屈臂下沖。

【糾正方法】

①跪步時強調右腿膝關節外展,兩腳左右保持一定距離以加大支撐面,有利於穩定。

②原地練習右蓋拳,強調直臂掄蓋。

13.右弓步架橋

①右腳向右前上步,腳尖朝右,雙腿屈膝,重心偏於左側成半馬步;同時腰微左轉,右拳變掌與左掌收至左腰側,右上左下,掌心均朝上;目視右掌(圖214)。

②左腳蹬地,左腿內轉挺膝伸直成右弓步;同時腰微右轉,兩臂經上分架於頭的斜上方,掌心朝上,臂呈弧形;

圖215   圖216

目視前方（圖215）。

【要點】

右腳向右前踏步，沉實而穩固，閉氣蓄勁，架橋時發力於左腿的蹬轉。

【攻防含義】

假設對手以拳法由上向下劈打我頭部，我即以雙架橋防守之。

【易犯錯誤】

兩臂（橋）上架時向兩側分開太寬。

【糾正方法】

請同伴幫助糾正兩臂的距離，或配合攻防練習糾正錯誤。

14.回身掛蓋拳

①左腿屈膝，腳尖外撇；同時腰微左轉，兩掌變拳，兩臂由上落至右側；目視右拳（圖216）。

圖 217

②右腳向右前移動半步，腳尖內扣，右腿挺膝伸直成
左弓步；同時腰微左轉，左拳隨轉體經上反臂掛至左後側，
臂伸直，拳心朝下；右拳經上扣蓋至體前，臂伸直，拳心斜
朝裡；目視右拳（圖 217）。

【要點】

右腳移步轉體約 180°，掛蓋拳幅度宜大，以腰帶臂，發
力於腰。

【攻防含義】

左拳下掛為防守對方的拳法進攻，以右蓋拳反擊其頭部
或背部。

【易犯錯誤】

蓋拳時沒有以腰帶臂，腰背發勁不明顯。

【糾正方法】

反覆練習掛蓋，強調兩肩要放鬆，以腰背發力為主。

圖218　　　　　　　　　圖219

15.退步格打

①身體重心微向後移，上體稍後仰，同時右拳以肘關節為軸由內經上向外掛挑至右肩前，拳心朝裡與臉同高；目視右拳（圖218）。

②左腳向後撤步，腳前掌著地；同時左拳屈肘由後經下向裡掛挑至左肩前，拳心朝裡與臉同高；右拳收至腰間，拳心朝上；目視左拳（圖219）。

③右腳向後撤步，右腿挺膝伸直成左弓步；同時右拳直線向前平沖，拳心朝下；左拳收至腰間，拳心朝上；目視前方（圖220）。

【要點】

左腳退步時完成右、左拳的掛挑；退右腳時與右沖拳一致，以加大右沖拳的力度。

【攻防含義】

假設對手以連續左、右沖拳攻擊我頭部，即以右、左掛

圖220　　　　　　　　　　　圖221

挑格擋防守，以右沖拳反擊其胸部或頭部。

【易犯錯誤】

①兩拳掛挑動作幅度太大。

②手、腳配合不協調。

【糾正方法】

①請同伴幫助結合左右沖拳練習掛挑的格擋防守，改正動作幅度。

②按照2拍節做分解練習，注重手腳配合的技巧。

16.右弓步側沖拳

左腳尖內扣，左腿內轉挺膝伸直成右弓步；同時腰向右轉約180°，右拳收回腰間，拳心朝上；右拳隨體轉向左側平沖，拳眼朝上與肩同高；目視左拳（圖221）。

【要點】

左腿內轉與左沖拳一致，力起於左腳的蹬轉。

【攻防含義】

圖 222-1　　　　　　圖 222-2　　　　　　圖 223-1

繼上動，假設對方站位於我的右側，即以轉身左沖拳攻擊其肋部。

【易犯錯誤】

先轉體後沖拳，沒有突出左腿的蹬轉。

【糾正方法】

重點練習由左弓步右沖拳轉右弓步左側沖拳，強調邊蹬轉邊沖拳，發力由下至上，逐步掌握發力的要點。

第二段

17.勒手左踩腿

①兩拳變鷹爪，左爪經腰間與右爪一起擺伸至體前下方，兩手心斜朝裡；目視兩爪（圖222）。

②右腿直立支撐；左腿屈膝抬起，腳尖外展，以腳弓內側為力點向前下方踩出；同時兩鷹爪隨屈肘拉至左腰側，右前左後，手心相對；目視左腳（圖223）。

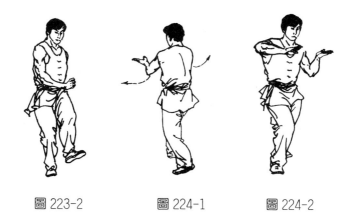

圖 223-2　　　　圖 224-1　　　　圖 224-2

【要點】

兩鷹爪向體前伸出時速度較緩，踩腿與勒手回拉要一致，動作脆快，屈伸明顯。

【攻防含義】

假設對方以拳法或掌法向我正面擊來，我即以兩鷹爪抓握其前臂並回拉，同時以左踩腿攻其脛骨。

【易犯錯誤】

踩腿屈伸不明顯，手、腳用力不一致。

【糾正方法】

①專門練習左踩腿，要求先屈後伸，先柔後剛。

②手腳配合完整練習，由慢變快，反覆練習。

18.騎龍步雙推掌

左腳向後落步，腳前掌著地，左膝跪沉成騎龍步；同時兩鷹爪變掌向體前平推，左肘下沉，左掌心朝上；右肘彎曲外撐，右掌心朝下；目視兩掌（圖224）。

【要點】

左肘下沉、右肘外撐，使
兩掌小指側成一橫線。

【攻防含義】

繼上動，再以雙推掌攻擊
對方的胸部。

【易犯錯誤】

兩臂太直，兩掌一前一
後，力點不準。

圖 225

【糾正方法】

按動作要點反覆做靜止性的推掌姿勢，儘快形成正確的
動力定型。

19.單蝶步劈橋

①左腿屈膝略回收（不著地）；同時右掌變拳，兩臂
向兩側擺起，手心均朝下；目視右側（圖225）。

②左腿再向左斜後跨擺，右腳蹬地並向左斜後方滑
步；左腿屈膝全蹲，右腿屈膝並以小腿內側貼地成單蝶步。
同時右臂外旋，以尺骨側為力點經上向體前斜劈，拳心朝
上，屈肘下沉；左掌經外向上、向裡弧形繞擺至右上臂內
側，掌心朝右；目視右拳（圖226）。

【要點】

擺臂跨跳幅度宜大，向左斜後方落步，劈橋時右臂盡量
外旋，由斜止向斜下劈，屈肘下沉。

【攻防含義】

假設對方以腿法攻擊我下盤，即以下劈橋防之。

圖 226

圖 227

【易犯錯誤】

①左腳蹬地向斜後滑步不協調，甚至做成左腳蹬地。

②右劈橋時做成由上向下砸肘。

【糾正方法】

①按照 2 拍的分解動作放慢速度練習，強調右腳蹬地、左腿擺動，逐漸提高協調性。

②劈橋時強調右臂（橋）邊外旋邊由斜上向斜下、由外向裡運行，首先熟練上肢動作，再上、下配合練習。

20.右弓步架打

①身體起立，右腳向右前上步，腳尖朝右，雙腿屈膝成半馬步；同時腰微左轉，左掌變拳與右拳一起收至左腰側，右上左下，兩拳心均朝上；目視右拳（圖 227）。

②左腳蹬地，左腿內轉挺膝伸直成右弓步；同時右拳上架於頭前上方，右拳向前平沖，拳眼朝上；目視左拳（圖 228）。

初段位套路（拳術） 183

圖 228

【要點】

右腳上步，腰微左轉，半馬步閉氣蓄勁，架打時發力於左腳的蹬轉。

【攻防含義】

假設對方以拳由上向我頭部劈打，即以右拳架防，左沖拳反擊其胸部。

【易犯錯誤】

沒有經過半馬步的閉氣蓄勁過程而直接成弓步架打。

【糾正方法】

按 2 拍的分節動作練習，強調半馬步的過程和要點，逐步形成規範。

21. 弓步左右拋拳

①左腳向左前上步，屈膝，右腿內轉並略向左腳滑動，挺膝伸直成左弓步；同時腰微左轉，左臂經下擺至左後側成平拳，拳心朝下；右拳隨轉腰下落直臂向右上方弧形拋起，拳眼朝後；目視右前方（圖229）。

②右腳向右前上步，屈膝，左腿內轉並略向右腳滑動，挺膝伸直成右弓步；同時腰微右轉，右拳直臂下落擺至右後側成平舉，拳心朝下；左拳隨轉腰直臂向左上方弧形拋起，拳眼朝後；目視左前方（圖230）。

【要點】

左、右腳盡量向橫線上步，臂的掄擺幅度宜大，以腰帶

圖229　　　　　　圖230　　　　　　圖231

臂，前踩後蹬對稱用力。

【攻防含義】

拋拳是一種防守性方法。假設對方以拳或掌攻擊我頭部或胸部，我則向左或右躲閃。同時以前臂（橋手）由下向斜上拋挑。

【易犯錯誤】

拋拳時兩臂遠離身體，沒能起到防守的作用；屈肘，前臂後甩。

【糾正方法】

面對鏡子檢查拋拳路線是否正確；也可請同伴做進攻動作，體會防守效果。強調臂要外旋，肘關節不能放鬆。

22.左弓步側沖拳

右腳內扣，右腿挺膝伸直成左弓步；同時腰向左轉約180°，右拳由後經腰間向右側平沖，拳眼朝上；左拳由上收至腰間，拳心朝上；目視右拳（圖231）。

圖232　　　　　　　　　圖233

【要點】

右腳跟蹬地外轉使力由下至上發出貫於拳面，沖拳時肘微屈下沉，發短勁。

【攻防含義】

繼上動，即以右沖拳反擊對方的肋部。

【易犯錯誤】

先移重心再轉弓步，由下至上的發力特點不突出。

【糾正方法】

反覆練習由右弓步轉左弓步沖拳，強調右腳先蹬地後轉體，體會發力順序。

23.虛步鶴嘴手

①左腳稍向前活步；同時右拳變掌以腕為軸沿逆時針方向繞一圈後變鶴嘴手，指尖朝外；目視右手（圖232）。

②右腳向前上半步，腳尖點地成右虛步；同時腰微右轉，左拳變鶴嘴手從腰間略經外、向右前方弧形啄擊，指尖

斜向右；右鶴嘴手隨屈肘拉至右
胸前，指尖斜朝外；目視左手
（圖233）。

圖234

③右腳踏實，左腳向前上
半步，腳尖點地成左虛步；同時
腰微左轉，右鶴嘴手略經外弧形
向左前方啄擊，指尖斜向左；左
鶴嘴手隨屈肘拉至左胸前，指尖
斜朝外；目視右手（圖234）

【要點】

鶴嘴手啄擊時應行弧線，幅度宜小，以腰帶臂左右轉
動，指尖斜朝外。

【攻防含義】

假設對方以貫拳攻擊我頭部左、右側，我以右、左手穿
繞刁拿（防守），即以左或右鶴嘴手攻擊其面部或頭側面。

【易犯錯誤】

身體上下不協調；攻防方法不清楚；鶴嘴手屈腕。

【糾正方法】

①原地體會左、右鶴嘴手的型和法，也可請同伴做攻
防練習。

②放慢速度練習，重點體會身體上、下的配合，提高
協調性。

24.分掌彈踢

①左腳向前活步，身體重心向前移動；同時腰向前轉
正，兩鶴嘴手變掌，左掌經外弧形擺至體前與右掌交疊，左

圖 235　　　　　　　　　　　　圖 236

掌在前，掌心斜朝前；目視兩掌（圖 235）。

　　②右腿直立支撐，左腿屈膝抬起後再以腳尖為力點向前彈踢，繃腳挺膝；同時兩掌分別向左右側橫擺，掌心均朝下，指尖略內扣；目視右腳（圖 236）。

　　【要點】

　　分掌與彈踢動作一致，發力快脆，收腹收胯。

　　【攻防含義】

　　假設對手以手法攻擊我胸部，即以分掌化解（防守），以彈踢反擊其腹部或襠部。

　　【易犯錯誤】

　　右腿屈伸不明顯，甚至做成撩踢。

　　【糾正方法】

　　降低彈踢高度，反覆練習低彈踢，強調先屈後伸、先柔後剛，逐步提高彈踢的速度和連貫性。

圖 237 　　　　　　　　圖 238

25.馬步撐掌

①右腳落地，雙膝微屈；同時左掌由左側經上弧形按至體前，臂內旋，指尖朝右；右掌收至腰間，掌心朝上；目視左掌（圖237）。

②右腳跟外轉，雙腿屈膝半蹲成馬步；同時腰向左轉90°，右掌隨體轉向右側撐切，力達小指側，指尖朝內高與腰齊，左掌屈收至右肩內側，掌心朝右；目視右掌（圖238）。

【要點】

右腳落地，沉重有力，馬步撐掌發力於腰。

【攻防含義】

繼上動，假設對手以手法或腿法向我攻擊，即以左手下按防守，以右撐掌攻其肋部。

【易犯錯誤】

撐掌與轉腰脫節，未能發力於腰。

圖239   圖240

【糾正方法】

放慢速度反覆練習由第一拍轉第二拍的動作，重點體會轉腰與撐掌的完整性和以腰發力的技巧。

26.騎龍步雙推掌

①右腳向右後活步，兩腿屈膝半蹲，重心偏於左腿成半馬步；同時腰微左轉，兩掌收於左側成蝴蝶掌；目視右掌（圖239）。

②左腿內旋並向右腳稍跟進，屈膝跪沉成騎龍步；同時腰微右轉，兩掌向前平掛，左肘下沉，左掌心朝上；右臂呈弧形，右掌心朝下；目視兩掌（圖240）。

【要點】

右腳盡量向右側橫向活步，全腳掌踏地，沉實穩重，推掌時借助左腿內旋和轉腰的力量，發勁短促。

【攻防含義】

假設對手從右後以拳法攻擊我背部，即向右後轉並以雙

| 圖 241 | 圖 242-1 | 圖 242-2 |

推掌反擊其腹部。

【易犯錯誤】

兩掌一前一後，兩小指側不在一條橫線上。

【糾正方法】

按照雙推掌的規格做靜止的定勢動作，強化體會正確姿勢。

27.麒麟步左弓步蝶掌

①左腳經右腳前上步，腳尖外展，兩腿屈膝交叉成拐步；同時腰微左轉，兩掌收於左側成蝴蝶掌；目視左側（圖241）。

②右腳由後弧形向左前方上步，腳尖外展，兩腿屈膝交叉成拐步；同時腰微右轉，兩掌由左經上弧形盤繞至右側成蝴蝶掌；目視右側（圖242-1，242-2）。

圖 243   圖 244

③左腳向左側上步，腳尖朝左，兩腿屈膝半蹲，重心偏於右側成半馬步；目視左側（圖243）。

④右腳蹬地並內轉，右腿伸直成左弓步；同時腰微左轉，兩掌左上右下向前推出，兩掌心朝前，左掌指朝上，右掌指朝下，兩掌根相距約20～30公分；目視兩掌（圖244）。

【要點】

左右上步為麒麟步，兩腿交叉，前腳尖外展，後腳跟離地，重心下沉平穩，兩掌以肘關節為軸盤繞，幅度宜小，推掌時發力於腿。

【攻防含義】

假設以麒麟步蝶掌追擊對手的胸腹部。

【易犯錯誤】

步幅太小，步法輕飄，沒能體現沉實穩固的特點。

【糾正方法】

按麒麟步的要點，以較慢速度反覆練習，以提高動作質量為重點，逐步處理好動作節奏。

圖 245　　　　　　　　　　圖 246

28.歇步下沖拳

①步不動，右掌以腕為軸沿順時針方向刁纏一圈後變拳心朝上；左掌變拳收至腰間，拳心朝上；目視右手（圖245）。

②右腳向前上步，腳尖外展，兩腿全蹲成歇步；同時左拳向前下沖出，拳心朝下，右拳收至腰間，拳心朝上；目視左拳（圖246）。

【要點】

右腳盡量外展，兩腿前後夾緊，上體略前傾，沖拳與歇步一致。

【攻防含義】

假設右手腕部被對方抓握，即以右手刁纏反抓握其腕，再以左沖拳反擊其面部（對手為俯身姿勢）。

【易犯錯誤】

①左拳沒有經過腰間而直接向前沖出。

②歇步不平穩。

圖 247

圖 248

【糾正方法】

按二拍動作進行分解練習，嚴格動作規格，同時強調歇步時右腳盡量外展，加大支撐面，提高穩定性。

29.馬步雙掛拳

①身體起立，腰向右轉，右拳伸至腹前，拳心朝下；左拳擺至右前臂上交叉，拳心朝下；目視右側（圖247）。

②左腳向左側上步，腳尖內扣，兩腿屈膝半蹲成馬步；同時兩拳交叉後經上向兩側分掛，微屈肘下沉，兩拳心斜朝上與肩平；目視左拳心（圖248）。

【要點】

身體起立並同時右轉約90°，馬步與掛拳及目視左拳一致。

【攻防含義】

假設以雙掛拳扣擊兩名對手的頭部或面部。

圖 249

圖 250

【易犯錯誤】

雙臂太直，動作不完整。

【糾正方法】

①面對鏡子或請同伴幫助檢查雙臂的外型要求，反覆強化動作規格。

②放慢速度練習，逐步提高手、眼、步的完整配合。

30.跪步雙虎爪

①身體稍起立，重心偏於左腿；同時兩拳變虎爪，兩臂內旋下擺至左胯側，手心朝下；目視左爪（圖249）。

②左腿支撐，右腿屈膝抬起；同時腰微右轉，兩虎爪繼續由下經上擺起；目視前方（圖250）。

圖251   圖252

③左腳蹬地跳起提膝，右腳落地支撐；同時腰向右轉約180°，兩虎爪繼續由上擺至右胯側，手心斜朝下；目視右手（圖251）。

④左腳向前跨一大步，右腳隨之跟進，兩腿屈膝全蹲成跪步；同時腰微左轉，兩虎爪向前平推，臂與肩平，略寬於肩，兩手心朝前；目視前方；同時發聲「嗚」（圖252）。

【要點】

幾個分解動作要連貫不停，左腳盡量向前跨大步，右腳跟進，跪步時含胸拔背，雙臂用力，坐腕翹指。

【攻防含義】

雙臂掄擺意為左右防守（掛、撥）對手的手法進攻，繼而以雙虎爪追擊其胸腹部。

【易犯錯誤】

手法不清楚，換跳步笨重。

圖253　　　　　　　　　圖254

【糾正方法】

①先練習手法，體會動作的攻防含義。

②專門練習換跳步，充分體現出輕巧、靈活的特點。

31.虛步沖拳推掌

①右腳向前上一大步，腳尖朝右，膝微屈；同時腰微右轉，右虎爪變拳收至腰間，拳心朝上；左虎爪變掌經上弧形擺按至右胸前，掌心朝右，掌指朝上；目視左掌（圖253）。

②左腳向左前上步，腳尖點地成左虛步；同時腰微左轉，右拳左掌隨體轉向正前方沖拳推掌，兩臂與肩同高、同寬，右拳心朝下，左掌指朝上；目視前方（圖254）。

【要點】

虛實分明，手法乾脆，眼隨手動。

【攻防含義】

以沖拳推掌攻擊對手的胸部。

圖 255　　　　　　　　　　圖 256

【易犯錯誤】

兩臂不成水平，或突臀。

【糾正方法】

面對鏡子做虛步沖拳推掌，檢查動作規格，注意收腹斂臀。

32.併步抱拳

①左腳向左後撤步；同時腰微右轉，左掌變拳與右拳一起擺至右胸前，拳面相對；目視兩拳（圖255）。

②右腳向右側開步，兩膝微屈；同時腰微左轉，兩臂外旋。兩拳經上擺至體前，兩拳心朝上；目視兩拳（圖256）。

③左腳向右腳併攏直立；同時兩拳收抱於腰間，拳心朝上；目視正前方（圖257）。

【要點】

兩腳向左右橫開步，眼隨手動，併步時夾腿、緊臀、收

圖 257　　　　　　　　　　　圖 258

腹，提神降氣。

【攻防含義】

假設邊退步閃躲邊以反臂掛拳擊打對方頭部。

【易犯錯誤】

反臂掛拳擺動幅度過大。

【糾正方法】

面對鏡子練習反臂掛收，強調正確的幅度。

收　勢

兩拳變掌垂於體側；目視前方（圖258）。

大展出版社有限公司
品冠文化出版社

圖書目錄

地址：台北市北投區(石牌)　　電話：(02)28236031
　　　致遠一路二段12巷1號　　　　28236033
郵撥：01669551〈大展〉　　　傳真：(02)28272069

7. 避孕	早乙女智子著	200 元
8. 不孕症	中村春根著	200 元
9. 生理痛與生理不順	堀口雅子著	200 元
10. 更年期	野末悅子著	200 元

・傳統民俗療法・ 品冠編號 63

1. 神奇刀療法	潘文雄著	200 元
2. 神奇拍打療法	安在峰著	200 元
3. 神奇拔罐療法	安在峰著	200 元
4. 神奇艾灸療法	安在峰著	200 元
5. 神奇貼敷療法	安在峰著	200 元
6. 神奇薰洗療法	安在峰著	200 元
7. 神奇耳穴療法	安在峰著	200 元
8. 神奇指針療法	安在峰著	200 元
9. 神奇藥酒療法	安在峰著	200 元
10. 神奇藥茶療法	安在峰著	200 元
11. 神奇推拿療法	張貴荷著	200 元

・彩色圖解保健・ 品冠編號 64

1. 瘦身	主婦之友社	300 元
2. 腰痛	主婦之友社	300 元
3. 肩膀痠痛	主婦之友社	300 元
4. 腰、膝、腳的疼痛	主婦之友社	300 元
5. 壓力、精神疲勞	主婦之友社	300 元
6. 眼睛疲勞、視力減退	主婦之友社	300 元

・心想事成・ 品冠編號 65

1. 魔法愛情點心	結城莫拉著	120 元
2. 可愛手工飾品	結城莫拉著	120 元
3. 可愛打扮 & 髮型	結城莫拉著	120 元
4. 撲克牌算命	結城莫拉著	120 元

・少年偵探・ 品冠編號 66

1. 怪盜二十面相	江戶川亂步著	特價 189 元
2. 少年偵探團	江戶川亂步著	特價 189 元
3. 妖怪博士	江戶川亂步著	特價 189 元
4. 大金塊	江戶川亂步著	特價 230 元
5. 青銅魔人	江戶川亂步著	特價 230 元
6. 地底魔術王	江戶川亂步著	特價 230 元

7. 透明怪人	江戶川亂步著	特價 230 元
8. 怪人四十面相	江戶川亂步著	特價 230 元
9. 宇宙怪人	江戶川亂步著	特價 230 元
10. 恐怖的鐵塔王國	江戶川亂步著	特價 230 元
11. 灰色巨人	江戶川亂步著	特價 230 元
12. 海底魔術師	江戶川亂步著	特價 230 元
13. 黃金豹	江戶川亂步著	
14. 魔法博士	江戶川亂步著	
15. 馬戲怪人	江戶川亂步著	
16. 魔人銅鑼	江戶川亂步著	
17. 魔法人偶	江戶川亂步著	
18. 奇面城的秘密	江戶川亂步著	
19. 夜光人	江戶川亂步著	
20. 塔上的魔術師	江戶川亂步著	
21. 鐵人 Q	江戶川亂步著	
22. 假面恐怖王	江戶川亂步著	
23. 電人 M	江戶川亂步著	
24. 二十面相的詛咒	江戶川亂步著	
25. 飛天二十面相	江戶川亂步著	
26. 黃金怪獸	江戶川亂步著	

·武 術 特 輯· 大展編號 10

1. 陳式太極拳入門	馮志強編著	180 元
2. 武式太極拳	郝少如編著	200 元
3. 練功十八法入門	蕭京凌編著	120 元
4. 教門長拳	蕭京凌編著	150 元
5. 跆拳道	蕭京凌編譯	180 元
6. 正傳合氣道	程曉鈴譯	200 元
7. 圖解雙節棍	陳銘遠著	150 元
8. 格鬥空手道	鄭旭旭編著	200 元
9. 實用跆拳道	陳國榮編著	200 元
10. 武術初學指南	李文英、解守德編著	250 元
11. 泰國拳	陳國榮著	180 元
12. 中國式摔跤	黃 斌編著	180 元
13. 太極劍入門	李德印編著	180 元
14. 太極拳運動	運動司編	250 元
15. 太極拳譜	清·王宗岳等著	280 元
16. 散手初學	冷 峰編著	200 元
17. 南拳	朱瑞琪編著	180 元
18. 吳式太極劍	王培生著	200 元
19. 太極拳健身與技擊	王培生著	250 元
20. 秘傳武當八卦掌	狄兆龍著	250 元
21. 太極拳論譚	沈 壽著	250 元

・原地太極拳系列・ 大展編號 11

・名師出高徒・ 大展編號 111

・實用武術技擊・ 大展編號 112

1.	實用自衛拳法	溫佐惠著	250 元
2.	搏擊術精選	陳清山等著	220 元
3.	秘傳防身絕技	陳炳崑著	230 元

・道學文化・ 大展編號 12

1.	道在養生：道教長壽術	郝　勤等著	250 元
2.	龍虎丹道：道教內丹術	郝　勤著	300 元
3.	天上人間：道教神仙譜系	黃德海著	250 元
4.	步罡踏斗：道教祭禮儀典	張澤洪著	250 元
5.	道醫窺秘：道教醫學康復術	王慶餘等著	250 元
6.	勸善成仙：道教生命倫理	李　剛著	250 元
7.	洞天福地：道教宮觀勝境	沙銘壽著	250 元
8.	青詞碧簫：道教文學藝術	楊光文等著	250 元
9.	沈博絕麗：道教格言精粹	朱耕發等著	250 元

・易學智慧・ 大展編號 122

1.	易學與管理	余敦康主編	250 元
2.	易學與養生	劉長林等著	300 元
3.	易學與美學	劉綱紀等著	300 元
4.	易學與科技	董光壁著	280 元
5.	易學與建築	韓增祿著	280 元
6.	易學源流	鄭萬耕著	280 元
7.	易學的思維	傅雲龍等著	250 元
8.	周易與易圖	李　申著	250 元

・神算大師・ 大展編號 123

1.	劉伯溫神算兵法	應　涵編著	280 元
2.	姜太公神算兵法	應　涵編著	280 元
3.	鬼谷子神算兵法	應　涵編著	280 元
4.	諸葛亮神算兵法	應　涵編著	280 元

・秘傳占卜系列・ 大展編號 14

1.	手相術	淺野八郎著	180 元
2.	人相術	淺野八郎著	180 元
3.	西洋占星術	淺野八郎著	180 元
4.	中國神奇占卜	淺野八郎著	150 元

・青 春 天 地・ 大展編號 17

國家圖書館出版品預行編目資料

南拳入門與精進／朱瑞琪編著
　　　——初版，——臺北市，大展，2002〔民91〕
　　　面；21公分，——（名師出高徒；5）
　　　ISBN 957-468-140-8（平裝）

1. 拳術——中國
528.97　　　　　　　　　　　　　　　91005127

北京人民體育出版社授權中文繁體字版

南拳入門與精進　　　　ISBN 957-468-140-8

編 著 者／朱瑞琪
責任編輯／趙振平
發 行 人／蔡森明
出 版 者／大展出版社有限公司
社　　　址／台北市北投區（石牌）致遠一路2段12巷1號
電　　　話／（02）28236031・28236033・28233123
傳　　　眞／（02）28272069
郵政劃撥／01669551
E - mail／dah-jaan@ms9.tisnet.net.tw
登 記 證／局版臺業字第2171號
承 印 者／高星印刷品行
裝　　　訂／日新裝訂所
排 版 者／弘益電腦排版有限公司
初版1刷／2002年（民91年）5月

定　價／220元

大展好書 ✕ 好書大展